溫水裡的青蛙

你我的責任，啟動社會幸福機制

黃凱盈——著

推薦序

為何企業應該注意公益

李家同（清華大學孫運璿榮譽講座教授）

做為一個企業家，當然首要任務就是將企業辦好，使得企業是個賺錢的企業，因此如果有人說，我們企業家也應該注意公益，就會使人覺得這不是企業家該注意的事，公益應該是另外一批人注意的事。

我們不能從純道德的觀點來看這個問題，其實我們應該從利害關係來看。我的意思是說，假如所有的企業家都一心一意只想使企業賺錢，最終的結果一定是企業也賺不到什麼錢。

去過歐洲的人都會注意到歐洲有很多古堡，有些古堡在非常荒野的地方，外面有護城河，也有吊橋，人要走出或者走進古堡，吊橋先要放下，吊橋一旦升起，任何人都進不了這個古堡，所以古堡裡面的人是相當安全的，可想而知的是，古堡的主人是大地主，外面的農人都非常貧困。古堡主人知道他們這個家族非常富有，當然會造成外面的窮人心懷不滿，為了怕這些窮人偷進古堡，他們建築了堅固的城牆，也造了護城河，他們認為這樣他們就會永遠安全。可是歷史告訴我們，這些古堡的主人最後也無法保持他們的財產，幾乎所有這一類的古堡都變成了廢墟。

如果我們到一些有社會嚴重不公平的國家去，不難發現這種古堡其實仍然存在，有的時候會看見有高牆的住宅，門口有荷槍實彈的私人警衛，高牆上還有鐵絲網，四個圍牆角落都有塔台，塔台上又有衛兵。這一個高牆內並不是犯人所居住，而是住著富豪，他們唯有這樣做才會有安全感。可是，他們其實生活在一個非常不和諧的社會裡，對他們而言，這種嚴重貧富不均的現象，不僅對窮人不利，對富人也不見得好。

一個企業生產的東西總是要賣得掉，如果企業賺錢而未能回饋社會，我們可以想像得到的是，社會上有很多人買不起這家企業所生產的東西，其最終的結果往往有可能是生產過剩。反過來說，一個企業如果不僅僅注意自己賺錢與否，也幫助了整個社會，社會安定了，人們富裕了，這個企業的經營絕對會更好。

我們總以為我們只要把自己搞好就可以了，其實任何一個人如果要有成就，不能完全靠他自己一個人的努力；企業也是如此，無論這家企業的老闆如何精明，如果政府的公共建設不好，道路沒有修好，水電不夠普及，教育沒有辦好，試問，這個精明的企業主能夠發揮他的才能嗎？

我們每一個人都要注意到公共利益，也就是說，我們要使更多的人能夠生活得比較好，唯有如此，我們自己也可以有較好的成就。所以，很久以前那種資本主義社會早就不存在了。不存在的理由並非完全基於道德上或者良心上的覺醒，而是因為大家終於知道，我們一定要有一個好的社會，在這個好的社會裡，所有的人都能夠有好的生活，唯有如此，企業才能發展。近年來，社會福利政策也是基於這種想法而發展出來的。

我非常感激順發集團對於公益的注意，我所負責的博幼基金會就得到順發企業很多的支持。我也知道很多機構在做公益的事情，可是像順發這樣認真做的，其實並不多。我覺得我們應該注意公益的重要性，如果有更多企業能夠學習順發的榜樣，很多弱勢團體將會得到更多幫助，如果能使社會裡的弱勢得以逐漸脫離弱勢的階層，我們的國家就會往更好的境界前進。

推薦序

助人為快樂健康之本

楊志良（亞洲大學講座教授）

「助人為快樂之本」，這不是因為老師教的，請不用懷疑，測量腦波及多巴胺的分泌（一種令人有幸福感的腦內分泌物），顯示幫助別人會令人健康快樂。很多嚴謹的研究也證實，長期從事義工的人，平均而言，比不擔任義工的人健康長壽。

古有明訓：「拔一毛以利天下而不為」、「人不為己天誅地滅」，然而「己」是什麼，只是自己一個人嗎？多數父母把「己」包括了子女，可以為子女做很重大的犧牲。部落族長、國家領袖常把「己」擴大到族人及國人，如文天祥、史可法，或為保家衛國犧牲性命的將士。如果「己」只是自己一個人，就沒有「己」了。一個成功的人、一個興盛的社會國家，就是有很多人把「己」擴大了，否則就是衰弱敗亡。

另一方面，對億萬富翁而言，多或少一萬元對生活沒有任何影響，也通常無感，若分給一家四口只有一碗泡麵或繳不起學費的年輕人，一萬元就有很大的效果。因此錢較多的人捐給急迫需要的人，對社會整體而言，錢的效用或幸福感增加了，捐助者也因此獲得益處。因此，即使只是捐出幾件舊衣服，也都會有莫名的愉悅感覺。

黃凱盈小姐是位優秀的音樂家，卻特別關心在M型社會下人們的困境：經濟成長了，卻不但沒有提升社會整體幸福，反而讓更多人生活在貧困與潦倒之中。她觀察吳錦昌先生的「消費做公益」——企業銷售物品保證價格最低、將企業獲利的二〇％拿出來做公益、公司財務完全公開，可說是企業社會責任（CSR）的典範。

因此黃凱盈特別在書中倡導，期望有更多企業加入。未來若能由社會公正人士組成審查認證及監督的社團，讓消費者既消費又做公益，愈多企業與消費者認同公益企業的理念，社會必將更為和諧與美滿。

推薦序

大愛理念的永恆傳遞

吳妍華（國立交通大學校長）

看到台灣新一代鋼琴音樂家黃凱盈，在追逐一個社會公益理念夢想的實踐，為讓人們永遠都感到幸福，而付出撰寫社會公益推動概念的努力。讓忝為國立交通大學大家長的我在由衷感佩之餘，謹以榮幸感念的心情，來為黃凱盈即將出版的新書《溫水裡的青蛙》提筆寫序。

凱盈為深入瞭解一個社會公益理念的實踐，也為了使本書的內容更加貼近現實社會的實況，書中特別聚焦在訪談首創「公益型企業」概念的、我校ＥＭＢＡ第十二屆學長順發３Ｃ董事長吳錦昌先生。而此也是本書所述說，推動社會公益理念夢想的核心。

書中特別介紹曾榮獲第七屆「遠見企業社會責任獎」中小企業標竿的順發３Ｃ

公司，與其推動的公益型企業理念。文中點出錦昌學長如何藉由目前在順發3C所推動，經由社會大眾在順發的消費行為，將公益型企業經營模式融入企業的日常營運，以達到善盡社會責任。訪談中也描述錦昌學長對推動「公益型企業」的願景，他認為「任何CSR方案的創意，都應該是可以被複製、學習的，才能發揮最大的社會價值！」此外，他也點出，目前台灣企業所做的公益案，其實多屬「公益行銷」性質，藉公益來行銷企業。對於此點他有不同的看法，他認為企業更應要推動「行銷公益」！而他也樂見這個創意被複製，且期待業界能做得比他更好。這些都讓我對錦昌學長的公益創意與付出深受感動。

現今企業間無不致力於相互的競爭與追求獲利，作者也認為，社會給予每個人機會均等且自由競爭的權力無可厚非。但若不具競爭力的社會弱勢，要單靠政府以改變徵稅的方式，來實現資源的分配，實無法充分解決。故錦昌學長在對作者的訪談中，語重心長的提出——藉由「公益鏈」來改變遊戲規則。讓大家在公平的社會競爭之餘，能將所創造的財富，進行全贏式的再分配，為社會創造更多可能的公益機會，而企業也要有執行的勇氣，帶領社會更向前邁進。

作者強烈的支持錦昌學長的立論，他深深認為企業不求回報的奉獻，又擁有明確的方向及堅定的信念，是對生命價值及追求幸福的開始。而行善的力量，是一種對社會無形的投資與對社會的付出及關懷。

余對本書的出版致深深的期許，或因本書的社會公義理念，能改變目前社會在盲目追求利潤、偏離的社會價值觀，也得轉型導入社會公益的省思中。期待此大愛理念得作永恆的傳遞，就猶如一位演奏中的音樂家，透過樂章的共鳴，來帶動、傳遞出社會福祉的連鎖效應。

推薦序

打天下、治理天下、共榮天下

鍾惠民（國立交通大學ＥＭＢＡ教授兼執行長）

敝人從事ＥＭＢＡ教學多年，對於何謂成功的企業家有許多的觀察，二〇〇八年我也接任了國際上最重要的公司治理期刊《公司治理：國際性評論》（Corporate Governance: An International Review, Blackwell-Wiley）的副編輯。對於好的公司治理與企業社會責任的實踐，如何幫助企業與社會發展，也累積不少理論與實務個案的觀察。

成功的企業家要能打天下、治理天下進而愛天下與共榮天下；在創業初期必須要將企業從創業中帶出成長與持續獲利，進而成為產業中的重要參與者。創業期所面對的相對是環境變化大且資源的不足，所以企業在創業期可能人治的色彩較濃厚，但當企業進入成長期、永續經營期，除了不斷追求創新與卓越的管理，更需要好的公司治理制度。成功的企業家不僅需要有自己的企業倫理要求，更要有與社會共榮的理念。

公益型企業的出現，正是實踐企業與社會共榮的理念。

在世界面臨日漸極端M型化之際，以幫助社會解決問題做為目的之企業轉型風氣，不但已有成功的案例，並且持續地在擴散。本書從與企業家的訪談中，深入討論公益型企業，並且從一個企業家的角度，分享如何將公益型企業執行地具有社會價值的做法——從分析非營利組織在公益執行上所存在的問題與現象開始；然後對非營利組織的運作方式提出分析，建立企業與非營利組織間的對話；並強調非營利組織所展現的執行力與影響力，會成為影響社會進步的重要力量。

本書也特別介紹公益型企業與公益鏈，創造使民眾在消費時，就能為社會帶來幸福回饋的機制，也使企業工作者在為生活、為自我努力的同時，也能為社會共同的幸福產生實際的貢獻。公益型企業與公益鏈的重心與目標，就是放在公益與社會回饋的本質目標上，以為社會帶來最大效益為宗旨。

敝人多年從事高階主管教學與擔任國際上最重要的公司治理期刊的副編輯的經驗顯示，全球華人各個國家中，台灣應該是最能發揮公司治理制度的國家。作為亞洲的領先者，台灣已有許多企業家對於公益的實踐都令人非常尊敬，不少企業家除了企業治理能力佳，更具有崇高的品格，但將理念傳播者則較少。本書的出版期望喚起各界有心人士的投入，讓公益型企業所開發出的資源，投入在具有公信力、專業知識、甚至是能夠開放公開討論的公益平台。也希望能促使一般民眾，從消費者的角度，更積極地投入公益鏈的正向循環，以行動支持公益型企業。

推薦序

台灣處處有愛、時時懂得分享

馬彼得（台灣原聲童聲合唱團團長）

二〇一二年暑假，我在一場私人聚會中第二次遇見凱盈。凱盈在這場聚會中，擔任演出。雖只是一場小小的私人聚會，但凱盈不失音樂家的風範，認真、賣力地演奏，共演奏了李斯特、拉赫曼尼諾夫等的鋼琴名曲。其演奏技巧與風格，令在場所有人讚嘆不已。我因一年多未見，便於她演出後寒暄，也試著邀請她於八月份上山為原聲的孩子做五十分鐘的小品音樂會，凱盈竟一口答應，令我意外又驚喜。

那次的談話中，凱盈告訴我最近正忙著寫書。但沒想到凱盈所寫的書竟是有關社會關懷而非音樂領域之書，這倒令我意外又敬佩。

公平正義與均富的社會是每個國民的期望，是政府施政的目標。然而在資本主義、自由經濟的發展之下，我們看到的現象是富者愈富、貧者愈貧，形成典型的M型社會。根據二〇一二年三月二十七日《自由時報》的報導：「台灣貧富差距惡化速度驚人！根據財政部財稅資料中心最新統計，……二〇一〇年最窮五％家庭平均年所得只有四．六萬元，最富有五％家庭平均年所得達四二九．四萬元，貧富差距飆升至九十三倍（最窮與最富者年均所得相差四百二十萬元），……」凱盈在書中提到，只要M型社會問題及財富愈來愈集中的情況持續惡化，新貧窮人口也就會越來越多。

面對貧富差距快速拉大，政府的施政力量與因應政策似乎緩不濟急。在這個時候，企業的態度與參與是一個重要的力量。凱盈在書中提到企業社會責任與公益型企業，認為企業的存在不應只是為經濟的目的，應該兼顧社會的責任。在追求發展之際，同時應協助解決社會問題、幫助社會發展、與社會服務結合，讓企業永續經營。正如管理學之父彼得．杜拉克所說：「企業社會責任係指一位成功的企業家，認知到企業社會責任的重要，將行善奉為經營成功的圭臬，甚至可能逐漸成為社會的改革者。」

四年前，與一群友人共同成立台灣原聲音樂學校，照顧鄉內中、低收入戶與單親家庭孩子做課業的強化與輔導。並藉由成立合唱團，延伸孩子們的觸角、擴展視野、建立信心。我因此參與了一些募款活動，也讓我重新思考布農分享的的意義。就布農的思維來說，分享最重要的意義在於共同承擔、共同負責。也就是在生活、發展過程中，透過共同承擔、共同負責，帶動整體社會向上發展，讓每一個人在不同的位置上，都能得到適當的機會與獲得，而不只是結果的分享。這與書中所提公益型企業的價值——為社會更多的人帶來更公平、更自由的發展機會——是一致的。

從事台灣原聲音樂學校四年多來，深深感受台灣是一個藏愛於民、藏富於民的社會。行善做公益，對台灣的人來說是普遍的價值，而企業做公益也已形成文化。洛克斐洛說：「賺錢不應該是我們經營的唯一的目，我們當學會貢獻。」洛克斐洛認為，生命在最有意義之時，是當我們知道如何達成所想要的目標，並且在達成之後，懂得如何去分享。現今的台灣，雖然我們眼前所看到的常是一片紛擾，但我對台灣始終充滿著信心，因為我看見台灣處處有愛，台灣時時懂得分享。

凱盈以一位初返國的年輕音樂家，對台灣這塊土地有如此深厚之情，有勇氣將內在想法、價值外顯化，並親自體現，實屬不易，值得多按幾個讚。

推薦序

給公益型企業最大的喝采

陳順像（七賢國小校長）

「世界變了，變得和我們所想的不一樣了；在面對資源分配失衡的M型社會裡，許多人縱使再怎麼努力，結果還是一樣，他們逐漸失去追求幸福夢想，也失去該有的動力。」這是一個原本只應讓音符輕輕由其纖纖細指滑落、腦中充滿浪漫與幸福的音樂家，出版《溫水裡的青蛙》第一章所寫下的一句話，很諷刺，也讓人感傷，這世界到底怎麼了？

初次認識凱盈，從名片上得知她是位留美的音樂博士，旅居海外多年，長期遠離台灣現實生活。人長得文文靜靜、氣質高雅，看起來對未來應該有許多憧憬且滿懷希望；但拜讀其大作並與之對談多次之後，我完全改觀了。沒想到這年輕人不僅自己專業了得，對世界經濟脈動與發展也瞭解透徹、觀察入微；更難得的是，她發現世界經濟的畸形發展，已讓年輕人失去公平競爭的機會，這如何能讓他們對未來的幸福與理想抱持期望？是誰讓這群未來的社會尖兵變成如此，我們不該重視嗎？

抱怨總是於事無補，面對問題應以更積極樂觀的態度接受挑戰，才能扭轉頹勢、創立新局。一個音樂家能這樣體現現實，為社會憂心，那我們的政府呢？我們的企業家呢？我們知道在這經濟大崩裂的世代，世界各國政府莫不使出渾身解數，期盼能有所挽救；不過單靠政府力量絕對不夠，因為他們應對外在的危機已弄得焦頭爛額，哪還有精力思考這潛在已久的社會問題，這時唯有喚起資本家、企業家良知，讓這一群最有辦法改變現實，也是最有力量投入的頂尖分子，共同為這社會盡點力、做點事。畢竟企業利益所得取之社會用之社會，天公地道，如此不僅能善盡責任，提升企業形象，也能獲得消費者肯定。

企業能投入幫助社會發展是好事，但缺乏計畫的投入或是視企業盈餘多寡而決定，都無法長久發展；於是有人提出公益型企業，希望每年都能提撥盈餘固定的比例，委由民間非營利組織有計畫性照顧弱勢，期望能對這社會有些許幫助。這企業就是「順發３Ｃ量販」，這概念是該公司吳錦昌董事長所提出。吳董事長說服全體董監事率先執行，每年提撥盈餘二〇％做公益，更提倡買貴退差價之信用，希望鼓勵消費者能藉消費行為順便做公益，此不僅建立起企業優良形象，更能與消費者合作創造盈餘，投入社會服務。

經過幾年的推展，順發企業已普遍獲得消費者認同，提撥款項甚多，目前，已贊助弱勢兒童生活津貼約近兩百校，有兩千名學童之多，而受其撥款贊助之慈善公益團體也相當多數，成效卓著。不過吳董事長並不以此滿足，他覺得這是個起步也是個帶頭，期盼有更多的企業能積極投入，所有消費者都能支持這概念，共為社會美好明天而努力。

走筆至此，感觸良多，為這社會擔憂，也為這世界慶幸；憂的是崩世代的經濟態勢何時休，讓人們重拾往日歡樂時光；慶幸的是還有處方，能為這病入膏肓的經濟體系改善體質，讓它逐漸好轉。當然我也要利用這小小篇幅對這個少女音樂家喝采，因為她點出所有年輕E世代心中的苦悶，也為這搖搖欲墜的經濟體提示明燈，照亮邁向幸福之路。同時也要為多年提倡公益型企業概念的順發企業吳錦昌董事長鼓掌，真希望他的拋磚引玉，能引起共鳴，讓世界每一個角落裡的大小企業都能起而效尤，共同為這讓人漸感無望的社會，帶來希望、有感，並日趨幸福。

最後願那溫水裡的青蛙都不是你我，若你不幸已浸在裡面，請趕快跳出來，因為逃避不能解決問題，悲傷只能自艾自憐；未來要靠自己創造，唯有更積極、更奮起，目標理想才可能離我們愈來愈近。

推薦序

用企業盈餘二〇%推動公益

吳錦昌（順發電腦股份有限公司董事長）

我想要寫這本書跟大家分享「公益型企業」這個理念，已經是二〇一一年上半年的事，過程中也曾與幾家出版社討論過，但一直沒有找到適合撰寫的人，這書的內容涵蓋了一些專業，也必須瞭解現在的國際情勢對M型社會問題的影響，以及一些國際上對非營利組織發展、社會趨勢等的主張，從這樣的經驗來看，要找到一個能理解併用文字描述出來的人並不容易，也就這樣把出書的事給緩了下來。

很意外、很高興也很感謝凱盈這樣從沒有受過經濟面及非營利組織發展面訓練的人，可以有這樣的熱忱及勇氣投入此書的撰寫，她以一個剛返回台灣之年輕人的角度，來看M型化社會問題及我所提出的「公益型企業」消費就是做公益的理念，並且分別在美國與台灣經過深入的資料蒐尋後，用淺顯易懂的文字把它分享出來。本書已完整地詮釋我所提出的，以推動公益鏈及建立公益型企業，作為解決M型化社會問題的方案之主張。希望藉由本書讓社會大眾更瞭解公益型企業所要推廣的理念，也希望認同「消費做公益」的理念的人能夠採取行動，以消費力量支持企業轉型為「公益型企業」，一起推動改變社會的巨輪。

面對日趨嚴重的M型化社會問題，順發轉型「公益型企業」，推動「消費就是做公益」的概念，讓消費者不需多花錢就能做公益。順發承諾最少捐出二〇%的盈餘，並且把這樣的資源落實在需要被幫助的弱勢學童上。致力改善M型社會問題的態度，絕對是不容置疑的，若我們做得不夠，也許欠缺的是更多專業力量的協助。我更希望在給予建議的同時，也能提供您專業的協助，讓我們一起把這件事做得更好。

作者序

追求夢想是通往幸福最直接的路

黃凱盈

小時候，大人常常會問，你長大後的夢想是什麼？小時候做的夢，建構在周圍所能看到的人、事、物之上。因為單純。因為沒有負擔，因為對社會還沒有這麼多的體驗，我們有更多作夢的能力、作夢的勇氣。慢慢的，我們長大了，體驗到實現夢想的困難與必須的犧牲，有些人因此逐漸失去了做夢與逐夢的動力。

我有一位學姊，從小立志要當鋼琴家。她有很強的企圖心，但因為資源有限，她說這一條路走得很辛苦。後來她在國際上有了成就後，回到台灣，希望能盡她所能，給予和她有相同夢想的小鋼琴家們協助與機會。我知道在現今社會裡，想成為一位鋼琴家是多麼不容易。但我逐漸地發現，最讓人喪氣的，不是意識到實現夢想的困難度，而是因為看不到機會、看不到一條能夠通往夢想的道路，而失去了追逐夢想的機會與動力。

失去了動力，如同失去了靈魂。能夠保持夢想、與追逐夢想的動力，永遠都是幸福的。

在實現夢想的過程裡，最讓人興奮的，是能夠持續不斷拉近理想與現實的距離，並從中發現無限的樂趣與寶藏。我希望能感受到周遭更多的人，能對夢想有更多的渴望，也希望各種夢想都能有更多被實現的機會。但是從紐約擴散到世界各地的佔領運動中，我們卻聽到在貧富差距擴大、資源分配不均、高失業率等情況下，有越來越多夢想被剝奪的聲音。

追求夢想是一條通往幸福最直接的道路。這麼多來自世界各地的反抗聲音，即是因為通往幸福的道路，被社會發展的不公平與不正義所打斷。除了佔領運動外，難道沒有其他管道可以透過眾人的力量，打通前往幸福的道路？在面對各種問題時，我們是不是能不斷找到更好、更具影響力的解決方法？

我曾聽長輩談起，相較之下，六〇年代左右，台灣的社會新鮮人有更多選擇工作的機會，不過從那時候開始，機會與需求就不斷地下降。過去的二十年間，若將通貨膨脹納入考量，平均薪資不但沒有增加，甚至還有下滑的趨勢，一另方面，生活的負擔卻一直不斷上揚，經濟成長的同時，大部分的民眾反而受到經濟成長的冷落。

資訊交流與傳遞的便捷，讓每一個人的聲音更容易被聽見，當來自民間的「微革命」行動越來越多時，是否也反映出有更多人開始相信自己有創造、改變的能力？

二〇一一年秋天，我回到紐約，青年人、失業人在華爾街上所燃燒的忿怒之火，被警方的催淚瓦斯引爆。日本趨勢學家大前研一，數年前就已提出的M型經濟問題不但沒有被解決，反而全球性地惡化。上個世紀被信奉的資本主義，那種以人們相信市場發展必須仰賴經濟自由，並將國內生產總值GDP做為國家經濟發展的指標，從政府、社會、企業到個人，上上下下，我們的行為準則、價值觀甚至生活，無不直接間接地受其影響。當金錢、利益、物質成為界定一個人成功的標準，而正義、熱情、關懷、憐憫心等成為無法衡量的價值時，我們的視野變狹隘了，資本主義愈加蓬勃發展，我們的社會問題也益形增加。至今已經過數百年的民主社會，還朝向公平正義的目標發展、邁進嗎？不是企業經營者，也不是華爾街金融家的一般老百姓，難道就只能扮演被動的角色、或是發起不知何時才有回應的抗爭運動？

在音樂圈的教育裡，我學習著如何將過去作曲家的作品詮釋好，從傳承下來的方法中，找出自己的聲音，但從來沒有人鼓勵我尋求全新的改變，或朝向沒有人走過的方向前進。不過，在商業與企業經營的領域中，我卻發現了截然不同的態度，尤其當我們面對著失衡的狀態，勢必也要做出改變，才能使社會更進一步。

記得還在美國、準備回台灣時，有一位朋友告訴我，他正計畫著要放棄在科技產業的高薪工作，申請回到商學院讀書。我問他，為什麼覺得重回商學院，會比放棄現在穩定、待遇又好的工作更好。他笑了笑說道，這樣出來以後，就可以自己開公司，說不定就有機會靠自己的想法，改變世界啊！我不確定他說那番話時有多認真，但我想，雖然美國中小企業每年的淘汰率高達一〇%，鼓勵年輕創業的力量卻也讓美國的商業活動更蓬勃地發展，更促成美國在過去幾十年來經濟發展的領先地位。

因此我更相信，如果在面臨問題時都能以更積極、樂觀的態度，更勇於嘗新、勇於挑戰，就算面對著前人足跡也勇於提出疑問，碰到瓶頸時就不會感到悲觀，甚至會希望為社會帶來更多活力與動力。

做為音樂人，我之所以會對企業與公益的議題產生興趣，也是因為在往返台北、紐約，以及在世界各地的旅途中，真切地體會到在報紙、雜誌上所見的問題。

之所以要撰寫這一本書，就是因為發現，在面臨日漸惡化的貧富差距、失業率攀升等問題時，我也聽到了來自企業界尋求改變、挽救現況的聲音。

舉例來說，在世界上，以幫助社會解決問題做為目的企業轉型風氣，不但已有成功的案例，並且持續地擴散。在台灣，更有企業家於二〇〇九年首創了第一家公益型企業，並以企業經營者的角度，構思出能提供未來社會更多元的競爭方式。其理念實現了管理學之父彼得・杜拉克對於將「企業、公益、使命」三者結合的預言，更是為現代的企業發展，指引出一條前所未見的新方向。本書的重點，就是從探討幸福的真諦開始，並提出我們在面對社會發展時，若要持續追求個人、以及社會整體的幸福，勢必要提出的改變，而公益型企業，正提供我們一項具體的改變方法。

本書共分為五個部份，在第一章，我將再與讀者們一同回顧世界各地資源分配失衡、貧富不均現象惡化、失業率高漲、佔領運動不斷等現況。第二章所探討的，是在社會上愈來愈受重視的企業社會責任（Corporate Social Responsibility，簡稱CSR），特別是因為現代化的經營，為企業所帶來的進步、擴張，導致了社會問題。我相信，深受企業影響的民眾，有必要了解企業與社會發展的關係，以及企業需要對社會負起的責任與照顧。當我們從企業社會責任的觀點延伸討論時，也會發現企業在執行社會責任時，與各種非營利組織間的關係密不可分。第三章（及附記一）將從一個企業家的角度，呈現不論是企業或是非營利組織，在公益執行上存在的問題與現象，並對非營利組織的運作方式提出建議，建立企業與非營利組織間的對話，並強調非營利組織所展現的執行力與影響力，會成為促使社會更進步的重要力量。

為了解決日漸惡化的貧富懸殊問題，企業發展需要有新的走向。第四章所提出的「公益型企業」以及「公益鏈」，正是要指出這一個新的方向。藉由訪談台灣首創公益型企業的順發電腦董事長吳錦昌，我將在本章裡呈現公益型企業與公益鏈，將如何能使民眾在消費時，就能為社會帶來幸福回饋的機制；也使企業工作者在為生活、為自我努力的同時，也能為社會共同的幸福產生實際的貢獻。此外還會討論到，在企業社會責任意識、企業轉型風氣提升的今天，公益型企業以及公益鏈理念的落實，與一般企業將投入公益的行為轉為行銷企業，並以此作為企業社會責任的履行不同，公益型企業與公益鏈的重心與目標，是放在公益與社會回饋的本質上，以為社會帶來最大效益為宗旨。

當然，對於公益型企業、公益鏈等，一般人都還不太熟的新公益「專有名詞」，我也會在文章中做進一步的描述與解釋。

第五章開始，會談到首創公益型企業在初期，先選擇投資在弱勢學童課後輔導的原因。公益型企業與公益鏈的首要目標，不僅是要對社會造成影響，並且使其對社會的幫助與影響力不斷的提升。在未來的計畫與目標中，我們更希望藉由喚起各界有心人士的投入，讓公益型企業所開發出的資源，投入在一個具有公信力、專業知識甚至是能夠開放公開討論，或是讓非營利組織公平競爭的平台。除此之外，也希望喚起一般民眾以消費者的角度，更積極地投入公益鏈的循環，以行動支持公益型企業，或是對社會產生具體影響與回饋的企業。因為只有當社會大眾都能夠更深層地意識到消費選擇的力量對企業的重大影響，我們才能藉由這份影響力，促使更多企業轉型公益，激起企業投入更多的資源，為社會帶來更多機會、正義與幸福。

科技的進步與資訊快速的交流，讓每一個人在實現夢想的道路上，出現了更多的可能性。這一本書更是在為正準備要踏入社會、剛踏入社會的新鮮人，或是為對未來充滿疑問、在社會之路上徬徨的人所寫的。因為，當我們進入社會，卻發現身旁的機會與以前不再相同，傳統的社會給予我們的方向越來越少時，我們必須要用開闊的胸襟、走出自己的方向，才能擴大我們的機會，邁向更好的未來。

以非暴力的方式，促成美國民主進步的民權運動領袖馬丁・路德・金（Martin Luther King），在一九六三年八月二十八日發表了他最具有影響力的《我有一個夢想》演說。他的話之所以能夠感動每一個前來聆聽的人，是因為他使每一個人相信，民主提升與人權平等的夢想不僅將會被實現，也將會發生在不久的未來。而反觀現今社會，種種資源、機會分配不均的問題，若能藉由消費民主的力量，讓更多企業以投入公益的方式，使社會有更多更好的發展機會，我相信也會是每一個人樂見成真的夢想。

讓我們平息四起的不安與憤怒，擺脫暫時性對未來的悲觀與無奈，騰出多一點沉澱的空間，多關懷身旁的人一點，傾聽內心的聲音，重新審思生命的價值。唯有如此，才能避免讓自己繼續在領向劣勢環境的浪潮中隨波逐流。

前言

溫水裡的青蛙

如果將青蛙丟入滾燙的熱水裡，
牠會立即掙扎逃脫；
但如果把牠放入溫水，讓水溫逐漸升高，
當青蛙想意識到危險，想要躍出水面時，
卻已四肢無力，最終死在熱水中。

在現代社會裡，
許多人已經發現，就算每天努力工作，
生活卻過得一天比一天辛苦、困難，
雖然大嘆好景不如前，卻還是咬著牙要撐下去。

《溫水裡的青蛙》是一位社會新鮮人、一名企業家，合力省思後的成果，
希望藉由點出社會現況來提醒大家：

就算社會水溫逐漸上升，
只要我們願意釐清現況並做出改變，
我們還是有機會選擇不當那隻青蛙；
還是有機會重返充滿意義且幸福的人生道路。

目錄

第一章　我們所看到的世界

第二章 企業社會責任

第三章 非營利組織的世紀

第四章 全民消費做公益

第五章 造反有理、幸福社會

第一章
我們所看到的世界

世界變了，變得和我們所想的不一樣。
甚至有人說，
就算努力了，結果也是一樣。
它變得讓我們失去努力的動力。

真的是這樣嗎？
讓我們從了解現狀開始。

變異

達爾文在《進化論》中所提出的「物競天擇、適者生存」，本意是指在生物界中，不能適應競爭進化的物種會遭到無情的淘汰，解釋了凡是對新環境有較強適應力、反應力，並能進一步產生有利於在新環境中競爭之「變異」者，在變異成功的優化下，便能勝出，並取得生存與大量繁殖的優勢。此理論從誕生之時開始，就常被引用在各領域，在經濟領域更是如此：若希望在商場的競爭中生存下來，不但需要學會快速適應周圍環境，更要找到適合自己生存的法門。

以進化論解釋商業競賽，變異的成功，是企業差異化的塑造，也是企業優化的關鍵；在通過市場的考驗後，優化成功者將獲得市場青睞，成為市場的新領導。在「物競天擇、適者生存」壓力下所產生的淘汰、變異與大量繁殖，為進化產生出強大的推動力。

另一方面，變異，除了能夠塑造商場上差異化的優化競爭外，也可以帶來新的發展，針對市場飽和的現象，提出改進的方法或導向新的方向。

例如在藝術的領域，有成就的音樂家們要不是融會時代元素、創造巔峰，就是出類拔萃、創造個人色彩，不然就是顛覆傳統、樹立新典範。古典時期的和聲，在浪漫派時期已被複雜化到讓人難以察覺其功能性的存在時，便出現了如德國作曲家荀白克、或者是法國作曲家德布西等，發展出完全脫離古典和聲的作曲手法的變異方法，也是「摩登時代」的開端。二十世紀初，俄國現代作曲家史特拉溫斯基用「回歸原始」的變異，推翻了浪漫時期對昇華情感的追尋。就算到了今天，在幾部與現代舞相關的電影裡，史特拉溫斯基《春之祭》的原創性與爆發力，還是讓人震懾、影響了多少後人。沒有什麼事情會停止不變，這些例子都只是在指出，當發展到了無法再持續下去的頂端時，總是會有新的想法產生、啟發新的方向。社會的文明與進步，不也是朝各種新方向不斷探究、發展所建立出的結果。

在現代社會裡，面對著快速全球化的挑戰，我們又需要什麼樣的變異？又應該要如何應對？

在回答這個問題前，首先，我們先來看看在現代的社會裡，我們到底存在著哪些的問題？而這些問題，其實也都環繞在我們每一天的生活中，不但與我們息息相關，更需要正踏入社會的年輕人、希望為社會帶來幫助與改變之人的注意。

資源分配失衡的世界問題

現代的社會，因為全球化的發展、管理與科技的進步，使得資源更容易集中在少數企業，造成資源分配失衡的情況更加嚴重。這不僅讓各領域中極少數頂尖族群收入遠超於一般人，也使這些原本已佔有一席之地的強者，更容易獲得競爭優勢，讓新加入者在競爭初期就有可能因資源分配不公而受到淘汰。如何讓資源分配趨向公義與平衡，改善不同族群在進入競爭循環前即被淘汰的問題，仍極需受到討論。尤其當大多數人都將解決社會資源分配問題的責任指向政府時，我們是不是忽略了在現代社會裡，對人民生活帶來重大影響的企業，說不定更有機會改善失衡的情況。

舉例來說，在二十世紀之前，世界最頂尖的鋼琴家和一個極優秀的鋼琴家所賺取的收入可能不會相差太大，因為收入來源都是靠在音樂廳演出，不論在大、小城市，只要有喜好音樂的群眾，就會對演奏者有所需求。但隨著錄音技術的進步，部分現場音樂會的需求漸漸被唱片取代，唱片、經紀公司開始只願意投資在最頂尖的鋼琴家，再加上往返國際交通時間的縮短，聽眾開始只想要聽最頂尖的演奏，造成了本來就相對較小眾的古典音樂市場，只能造就出少數幾位「國際巨星」的情況。

同樣的道理在其他領域中更是如此。

以美國來看，十九世紀後期就有卡內基、洛克斐洛等工業鉅子，各自在自己的產業裡建立起近乎是獨佔的事業，賺取了驚人的財富。到現在，企業的自動化、集團化以及國際化，更成為了各國財富聚集、失業率提升的重要原因。許多原本依靠勞力的工作機會不是被科技取代，就是因為工作者在科技的輔助下提高產能，進而造成整體工作需求人數下降，企業管理能力也因科技的輔助而大幅度提升，降低了企業對中、高階層的管理人員需求，當然也降低了工作機會。管理技術的進步更促使企業的集團化，許多規模相對較小的企業，在遭受大企業不公平競爭下受到淘汰。此外，現今國際交通發達、資訊傳送便捷，企業的國際化使工廠可以更迅速、更自由地向勞動、生產成本以及稅率較低的國家遷移，加深了工作機會的不穩定性。在國際勞工組織（International Labour Organization, ILO）所發表的《二〇一一年全球就業報告》中顯示，去年全球勞工市場情勢比前年更惡化，依據全球經濟發展情況來看，各國政府需要在未來幾年內創造的就業機會，大概無法達到需求的一半。也就是說，目前眾多國家所面臨的高失業率問題，很難在近期內改善。

在失業問題惡化的同時，世界富豪的資產總額卻在節節高升，跨國企業所掌握的資產不但媲美某些國家、甚至可能更高。

舉例來說，十多年前全球一百大經濟體裡，跨國集團佔了五十一個，其餘四十九個才是國家❶。在二〇一一年第四季的財務報表中也顯示，蘋果公司整體收入增幅為七十四%，市值高出許多國家的國庫，若將蘋果市值跟全球所有國家二〇一〇年的GDP相比，蘋果將名列第十八大經濟體，超過比利時、瑞典與波蘭。

❶ Anderson and Cavanagh, "Top 200: The Rise of Global Corporate Power," Institute for Policy Studies, Washington, 1999.

此外，從美國在二〇〇八年所爆發的金融危機中可以看出，金字塔頂端充滿了精於穿梭於經濟體的投機者，他們用手中握有的資源進行整併、炒作，而不是將財富投資於創造更多的工作機會、提供社會所需要的商品及服務，顯示出某些在金字塔頂端增加的財富非但沒有幫助到社會，反而危害了社會的公平的現象。

消失的工作機會

企業的國際化、集團化，以及技術的科技化到底對就業市場造成了多大的影響？

舉例來說，在過去以製造業為主流的社會裡，大部分的就業需求還是仰賴人力，例如幾十年前，通用（General Motor）與福特（Ford）等汽車製造業興盛時，為美國社會帶來的是相關產業領域的高就業率。在現今全球化的影響下，再以像蘋果這樣的科技產業龍頭為例，他們將精密的電腦製造，遷移至德國、新加坡、韓國、台灣、中國等國外地區，當製造廠商不在美國本地時，受影響的不只是勞工就業人口的驟減，也連帶影響到一些公司管理人口的遷移，降低了更多附隨的就業機會。

又因新興的科技類公司在美國本地需要的工作者，只是社會上少數的科技業精英，不但造成公司內部員工數量減少，受聘員工卻得到比一般人多上好幾倍的工作待遇，貧富懸殊問題因此繼續擴大，而以往適合大眾的工作機會，例如先前所提到的製造業、管理人員、銷售人員等工作機會，除了外移之外，也逐漸被科技與機器取代並漸漸消失，這些都造成中產階級經濟遲遲無法復甦的問題。世界上其他已開發的國家也面臨著類似的問題。

工廠遷移雖有利於某些開發中國家的發展，但這些在發展中國家的工作機會難道不能被代替嗎？中國某工廠二〇一一年八月就計劃，在未來三年將新增一百萬台機器人取代低階人工，雖然工廠內部指出，其目的不是為了裁減人員，而是為了減少員工重複性工作，但其作法還是減少了中國國內的就業機會。

回過頭來看看美國的失業問題。眼見抗爭聲浪高漲，美國總統歐巴馬在二〇一二年的國情咨文中提出，為了挽救國內的失業率，他不但希望將已遷往國外的製造業的工廠重新遷回美國，更計劃重振美國的製造業，因為這事關上百萬個就業崗位。為了讓汽車產業東山再起，他們聲明將投入資金創造近十六萬個就業機會，但如此大肆地增加勞工工作，真的是在提供符合時代潮流的就業方法嗎？面對科技持續進步、社會急速變遷的今天，人民更需要科技無法取代、符合社會需求、鼓勵潛力與特質發展的新舞台，而這個舞台又在哪裡？

崩世代的警惕

中產階級工作機會下降，貧富懸殊每況愈下等問題，也曾被大前研一在二〇〇八年出版之《M型化社會》一書中提及。書中指出在全球化的趨勢下，富者在現代社會更容易賺取全世界的錢，使得財富快速攀升，但隨著社會變遷，不但使許多原本存在的職業逐漸消失，就算有工作者也不知道何時會被時代的轉變所取代。二〇〇八年的統計就指出，日本已有八成人口成為中低收入階層。就算是早已預知的情況，台灣社會還是無法阻止地繼續走向這個下坡。

在台北，房價漲幅自二〇〇八年到二〇一一年間超過三十八％，就一般上班族而言，就算不吃不喝也要二十幾年才有購屋能力，台灣新一代的主人不但對現實感到吃力，對孕育下一代更是無力，造成了急速少子化、大批青年就業人口的「窮忙族」問題，超時工作卻只能勉強維持生活。不過，幸好大部分的父母都有不動產，所以年輕一輩還不致於淪落到「流浪街頭」的程度。但也因此，我們這一代出現了「啃老族」的形容。

在資源分配失衡、各國就業市場減縮，而社會卻無法提出足夠的新就業機會之時，正要踏入社會的青年族群，在這個時代就成為最深的受害者。尤其是在歐美國家，年輕世代的高失業率問題更是嚴重，下表所整理的二〇一一年統計資料，顯示出在青年人口失業問題最嚴重的西班牙，青年失業人口就逼近四十三％，在其他的歐洲國家也有將近二〇％的青年失業率。

新一代的青年若無法就業、發展自我能力，對於追逐幸福、成就理想還能抱持多大的衝勁與期望？若在生命的教育裡，我們已深植了希望、進步、成就，是提升生命價值與追求幸福的關鍵，生活在不公與缺乏機會的環境，不正是與生命的真諦背道而馳？要是以西班牙為例，到二〇一二年五月該國的青年人口失業問題仍持續惡化，依

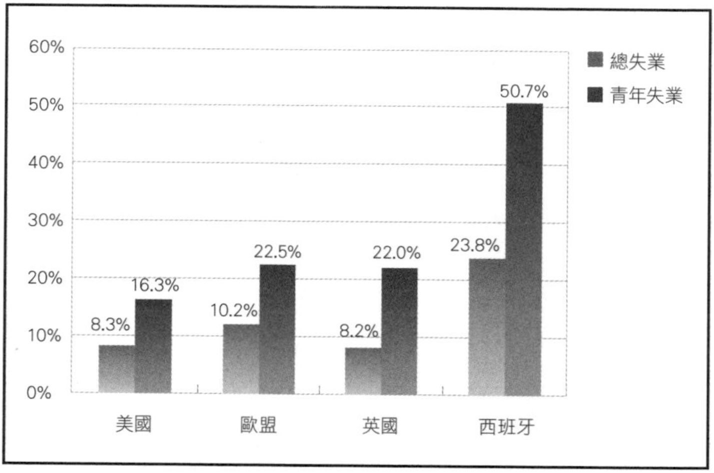

歐美總失業人口與青年失業人口比較

資料來源：經濟合作暨發展組織（OECD）

照當地社會與經濟發展的情況，那時已超過四十六%的青年人口失業率，甚至到二〇一六年都很難得到改善。

也因為現在求職越來越不易，使得許多年輕人選擇長時間地留在學校裡，將時間花費在更多的學習上，卻不見得能夠提供自身社會價值與競爭能力，就算修得滿腔學識，出了社會，也不見得與社會需求的技能相符；或者也有可能因為市場無法提供合適的就業機會，使學有所成之士無處發展其才華。近來社會也有越來越高的危機意識，表示台灣社會不但出現無法提供精英份子足夠的發展機會，更成為高階人力的淨輸出國，各

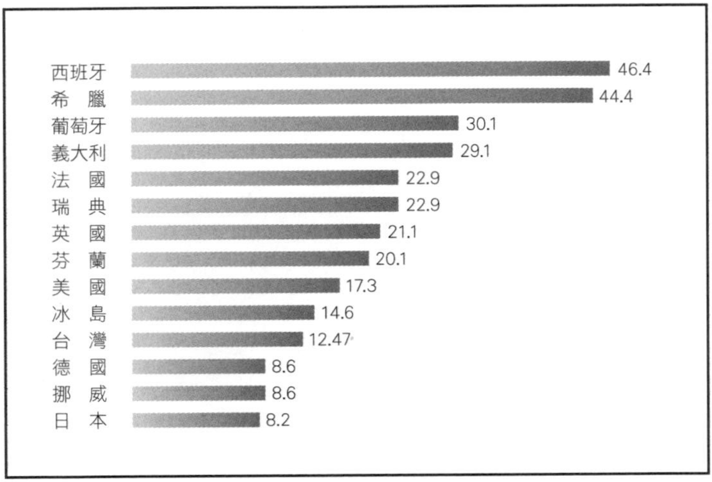

世界各國青年人口失業率

資料來源：歐洲統計局（Eurostat），行政院主計處

界也出現呼籲社會要更加重視人才供需的問題，提供受教後的高知識份子充分發揮的舞台，才不會使教育本身成為一種社會資源的浪費，也不會讓機會的不足成為社會進步的阻力。

曾經有一位企業家告訴我，就算是處於競爭優勢的企業家，當他們發現自己的子女、以及子女身旁朋友們，面對了就業困難，會使他們對社會發展的偏向與資源分配不均更為警惕，也使他們開始謹慎地思考，若社會上有更多資源的流動，是否能幫助解決資源分配失衡的問題，並提供更多人發展才華的機會？

佔領華爾街

我在紐約生活十多年，對於這個地方大部分的人都充滿著又愛又恨的情感。每次談及紐約我必會提到它的千變萬化與快速步調。記得在康乃狄克州讀書時，每一次回到紐約，就會發現有新店開張、舊建築翻新。讓我最懷念的，是我剛到紐約唸書時，學校宿舍旁邊的淘兒音樂大樓以及對面五層樓高的書店，那是我和朋友們最常去買CD、租錄影帶、參與發表會的地方。但自從iPod出現後，大家不再到淘兒消費。淘兒倒了，因為大家開始蒐集可放在口袋中的淘兒音樂。不久，網路上出現了能用更便宜的價格買書，或是更環保地將電子書直接下載到手邊的裝置上，過了幾年，書店也倒了。

在紐約，學生的生活大多是搭建於只有幾坪大的小套房上、或是三、四人分攤的兩人公寓裡。放在地板上的床墊、用壞就可丟的二手傢俱，穿梭紐約東西南北地鐵站的兼課生活所得的代價，被狹小生活空間、玉米片和培果等簡單飲食花費殆盡。

回到台灣後，二〇一一年九月，我打開報紙，看到報紙上報導的佔領華爾街運動，回憶起在紐約生活的那一段日子，重溫當時的感受，也是感觸良多。因為上述資源分配失衡、貧富差距惡化、機會不足等種種原因，使得佔領運動之火自二〇一一年九月從紐約華爾街引爆後，半年間快速蔓延超過九百多場。各處的佔領者也相信，只要社會仍然無法提供希望、機會，人民的憤怒之火就會持續地燃燒。

勇敢佔領華爾街的民眾有很大的比例都是學生、或是在中年後的失業族群，在收入不夠，或者根本找不到工作的情況下，還要背負助學貸款。台灣記者就曾做過如下的報導：

「Carol Brown，五十六歲，帶著金框眼鏡的嬌小婦人，親切的樣貌，與其說是「佔領者」，不如說更像美國影集裡時常出現的慈祥大嬸。寒風中，她脖子上掛著斗大的標語：「（要）全民健保、有尊嚴的工作，有品質的公立教育，健康的環境。」

Carol曾是紐約州政府的行政人員，金融海嘯美國地方財政吃緊，讓州立大學畢業的她，在去年底失去了原本穩定的工作。過高的房貸更迫使她搬離原先在康乃迪克獨門獨戶的房子，與妹妹同住一間布朗克斯區不到五十平方呎（約十二坪）的公寓。

從九月十七日起，Carol每天一早起床，就帶著自製的標語，花一個小時轉乘地鐵，來到祖科提公園，靜靜地站上三個小時，四十多個日子，從未缺席。過了中午，她再轉車到布魯克林橋另一端的Flushing，開始工時長達十個小時的兩份打工：快餐店的侍應，和租車公司的簿記員。

「他們說美國經濟正在改善，失業率在下降，ＧＤＰ成長率在上升，但我知道，這些人都在說謊，」Carol平淡的語氣，比吶喊更沉重，「太多像我一樣的人，突然從平凡但安穩的生活中，掉到沒有工作、沒有健保、沒有明天的深淵裡，到現在一年了，我們還是看不到希望。」朋友問她，打工至深夜，在家休息時間都不夠了，何苦天天來抗議，「我告訴她們，美國人理應擁有這些，」Carol指著標語，「我們沉默太久，現在是起身爭取的時候了。」[2]

國際勞工組織的報告還曾指出，在一百一十九個受調查的國家中，面對失業及金融雙重危機下所需承受的經濟重擔，人民不滿的程度已節節高升，除了在美國、歐洲所發起的一連串的佔領運動外，有超過四十五個國家也正面對著不同形式的反抗運動。

佔領華爾街運動可以如此持久並引起全球各地激烈的迴響，不但反映了全球有越來越多人處在如同華爾街佔領者的困境，更代表了每一個人都渴望自己的意見有被聆聽、受尊重的機會。

對佔領者而言，佔領運動「去中心化」的精神是他們對民主更進一步的追尋，也是他們在對金字塔頂端的人宣誓，在金字塔底層者不但更懂得互相尊重，也更能體會、並關心存在於社會裡的各種問題，一同試圖改變企業勢力凌駕在人民身上的現況，並期望能將民主的精神，表現在經濟領域中，為經濟帶來更多的公平性。他們並期望可以找到一個可以從民間發起的力量，在制度不受到重大的變動下，讓社會的發展可以更公義，也讓資源可以獲得重新分配。

❷《天下雜誌》，〈佔領華爾街~紐約採訪日記〉系列報導（張翔一）。

但企業、政府與社會的關係是經年累月而成，為了不讓佔領運動成為另一個不了了之的抗議活動，他們知道要產生改變，不但需要耐心，還需要有持久的毅力，也就是佔領運動會持續不斷地進行下去的原因。

其實再回想到佔領華爾街發生前半年，北非突尼西亞也爆發了茉莉花事件，經由網路的串聯，他們累積了極大來自於民間的力量，其目的是為了推翻壟斷國家財富且忽視人民生活的獨裁政權。在佔領華爾街運動裡，民眾抗議的主軸也圍繞在那些壟斷全體人民共同努力成果的少數份子身上。茉莉花革命的結果是，人民推翻了獨裁政權，但卻沒有為推翻後的政局做出充足的準備，因此取而代之卻是另一個獨裁政權。

但是，那到底是不是人民先前所期望的理想世界？再反觀華爾街上，奮力抗爭的民眾高喊要以行動爭取更落實的民主與更公平的機會，但他們抗爭的同時，是否也已找出有效的替代方案、能夠帶領社會走向幸福的新路徑？當雪球越滾越大，下列報導指出，面對社會不公的現象，說要對富人展開反撲的聲浪越來越高，但這一份反撲的力量要從哪裡來？所能採取的具體行動又是什麼？

兩種職業、兩種人生

走在紐約的街道上，街角總是有來自各種社會背景、階層的人；有的人可能帶有生來的優勢，或是適機地碰上了合宜的工作與自我發展機會，可以不需要為五斗米煩憂，過著不為生活壓力、瑣事苦惱的日子。但對於像是剛落腳的移民，卻始終要為生活最基本的開銷不斷地奔波，甚至因為一九四〇年左右所定下「租稅控制」，讓晚到紐約的租屋者，需要付出比老紐約人高出三、四倍的房租。在繁華街道上、高雅餐廳外尋覓著下一餐的街友們，對於絡繹不絕的紐約人、觀光客而言，更是常見之景。這種錯綜複雜的景象，是我對紐約第一、也是最深的印象。

有一天我和一位作曲家朋友用餐時，先是與他聊起他不久之後將在紐約下城區上演的作品，後來又談到他剛出生不久的女兒，以及他現在處在教書賺錢、照顧家庭、攻讀博士學位，與繼續追逐他作曲的熱情這種「多頭燒」的情況，雖然他臉上露出幸福且滿足的神情，但他卻也有所感嘆地說：「要是我所熱愛的事，正好也是世界上其他人所熱愛的事就好了喔。」

在另外一頭，兩年前從洛杉磯搬來，在當時也住在紐約的另一個朋友，機運就正好相反。大學畢業後正好碰上了谷歌擴張的時期，學習電腦工程的他，因此順利地被延攬進入加州的公司，幾年後，他的聰明才智不斷地受到上司的提拔，雖然年紀輕，但現在已累積了相當的財富，也開始計畫創立自己的公司。這卻也讓我體會到，兩個人只因為志向不同，未來發展之路所帶來的機會就產生這麼大的落差。但在一個公平的社會裡，是不是應該讓人民相信，只要是誠實地為社會努力的人，都應該是社會中的英雄，而不是受害者，不應該因為階級的高低，而有這麼大的差別待遇。

社會需要多元的人才，需要多元發展的機會。當資源過度集中於少數人時，是不是也讓社會喪失了多元發展的可能？

還有好多我沒看到的角落？

在紐約的街道上、地鐵裡，經常會碰到街友，有時在寒冷的冬天裡，他們鋪了棉被在街邊打哆嗦，有時則是在地鐵裡賣藝、或是尋求善心人士的協助。在地鐵進站時，若發現滿滿的車廂突然空了一節，你大概就能猜到，又有沒有辦法洗澡的街友把車箱暫時借來當作臥房。這個時代，因為貧富懸殊的問題惡化，受到社會、經濟不平等影響的人越多，反抗的聲浪自然也就越強。但無論國家經濟發展是急或緩，社會總有處於邊緣、弱勢的一群，在他們需要得到關注時，我們是否也記得去聆聽他們的呼喊？

借鏡著許多白手起家成功者的故事，我們總相信持續不斷的熱情、努力和毅力是成功的必要條件，也成為「富人」在冷眼旁觀佔領者時最「正當」的理由。但在不為我們所見的角落，難道社會從不曾替在邊緣掙扎的弱勢族群，尋找除了努力不夠以外的理由？

國際勞工組織指出，目前全球有十一億人口正處於失業或生活於貧困之中，還有多少弱勢的聲音，是還沒有被社會聽到的。每日的報紙與新聞中，我們看到多少社會問題或人倫悲劇，都有可能是因為在無法解除的經濟壓力下所造成的。我們到底要用什麼方式、聚集多少力量，才能使這些問題不會一再地發生。

幾年前，我記得台灣就曾發生過這樣一起人倫慘劇。一位失業五年的單親爸爸，疑因失業、經濟困窘、心情抑鬱，竟以鈍器打死七歲兒子與八歲女兒，並放在臥室床上任由子女屍身腐臭，在伴屍兩天後才告知阿嬤，從而披露了這起社會悲歌。殺害這對姊弟的父親原是送貨工人，六年前與妻子離婚後，失業已超過五年，與一對子女的生活均靠雙親接濟。

當新聞爆發出來後，來自社會各界的批評聲浪不斷，有人提出，這是因為政府的社會福利政策，並未照顧到失業或單親家庭，讓失業的民眾無法繼續生存下去。在面臨強大的生活壓力，卻又無法得到外界救援的情況下，只能傷害自己或家人。更有人批評，雖然政府口頭上聲稱致力挽救失業率，並以統計數字作為執政的績效，事實上，中高齡勞工找不到工作的情況卻有增無減，尤其當社區支援系統與社會福利系統不足，就很容易造成類似案件的發生。

在都市外的郊區，有許多孩子在出生之前就被決定要走上更艱難的路。在物資較缺乏、交通不便的偏遠地方，有的小孩可能只因為腳踏車壞掉，就得要走好幾個小時的路才能上學。或者有因為生活環境、生長環境貧乏，而出現了生活能力、甚至智力發展遲緩等問題，在團體生活中，更有可能因此受到同儕排擠，對孩子的社交能力發展形成阻礙。

雖然在社會上，出現了越來越多幫助弱勢兒童的聲音。但對於他們的困境，又有多少是在都市成長、居住的人，能夠感同身受的？

無法改變的惡性循環？

當企業或工廠在全球化的影響下，遷移至其他生產成本更低廉的國家，對中高齡的勞動工作者而言，等於在失去就業機會的同時，勢必需要有和新一代工作者競爭的能力、重新學習符合時代的工作技能，以取得再次工作的機會。對於那群必須長時間投入工作的勞動工作者而言，沒有更多充實自己的時間，讓自身的能力追上時代變遷的腳步，他們難道永遠只能周旋於各種耗時耗力、工資及穩定性低的工作上，或是默默地等著被社會淘汰？當他們的技術不再為社會所需，而因此無法賴以維生時，就有更多這一類的社會問題發生。

出生在好家庭的人，享受到更好的資源、環境與教育的優勢，很難感受到世界上較陰暗的角落，以及生長在弱勢、社會邊緣的一群，即使有與困境搏鬥的意志力，對於跨越界線的能耐，還是有無限的困境。一個人的可塑性，本就與出生、生長環境與背景有著最直接的關係，人在與外界資源交流有限的情況下，很容易導致進步的停滯，也有礙於未來發展。藉由教育與多元的接觸，才能為我們開啟更多的可能性。強者越強、富者越富在我們的社會中，並沒有因為其自由化而得到改善，反而更加惡化。

在面臨現今社會發展失衡的問題、探討社會公平之時，我們絕對不是去否定社會金字塔頂端族群的能力、付出與成就，以及他們在辛苦工作後，享受生活的權利；

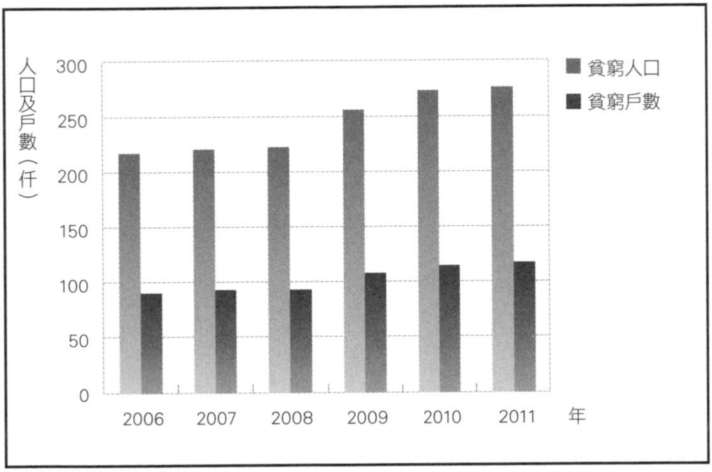

台灣貧窮家庭戶數與貧窮人口數

資料來源：內政部　註：2011年至第二季

而是要去探討，經濟與社會的競爭所導致的懸殊，是不是已讓資源與財富過度集中在少數者，而未有良性的循環與運用。當社會裡的「一%」在為提升生活、實現理想而努力之際，是否也已非自願性地危害了別人公平生存的權利？

在現在的經濟環境下，有更多中間人口的競爭能力受到威脅，造成在已開發國家，非自發性貧窮人口不斷攀升，也使我們不禁開始懷疑，在民主社會發展至今超過兩百年的今天，生命的平等是否真的已追求到了？

貧富不均有礙社會發展

許多研究證實，當財富只集中在少數人手中時，這些少數人因為累積了大量的財富，而會開始出現儲蓄囤積的現象，導致資源無法產生足夠的流動，社會發展也會因此受到影響。如此下去即會造成持續性的惡性循環，也就是說，只要M型社會問題以及財富愈來愈集中的情況持續惡化下去，新貧窮人口也就會越來越多，受害者也會持續增加。台灣在近幾年也出現了貧窮人口上升的危險趨勢（參考六十一頁圖表）。

亞里斯多德在談及民主政治議題時就曾說過：「社會中極端的貧困降低民主的價值與繁榮，為了社會各階層的利益，公共的收入應該在貧窮人口間均分。」他在兩千多年前就提出，唯有降低貧窮人口，使社會中各群體能共享努力的果實，才能使社會繁榮。當一個社會能使各階層都相信，凡藉由努力及毅力，每一個人都能公平地獲得提升生活的機會，特別是對中、低階層，這種在金字塔中向上攀升的現象，就會在他們、或是他們子女的人生裡出現。反之，當社會中的弱勢、甚至高比率的人民都感受到，陷入無法脫離的窮困以及惡性循環中，這對社會發展自然會造成嚴重的問題。

社會問題不能單靠政府解決

在過去，政府可能會用稅率的提升舒緩貧富差距，但現在受到科技化、全球化與管理技術的進步，讓許多企業不但具有多重國籍，並且可以自由地選擇稅賦較低並具有高資源的國家設廠。許多國家提供了更優惠的稅率制度，吸引更多的富人前往，種種現象反映了富人在生活上的優勢。

不少學者紛紛提出警告，處在全球化的環境裡，國家政府的決策能力，在面對企業國際化下正逐漸式微，某些國家的權利甚至還輸給如聯合國、歐盟、國際法庭、國際貨幣組織以及世界銀行等跨國機構。換言之，在現代社會裡，企業面臨的是一個開放性的國際市場，但在稅務政策上，各國政府大多還是固守在封閉式思維，面對已國際化的企業自然降低了其規範能力，導致政府稅收困難。

面對企業勢力逐漸凌駕於國家之上，英國經濟學家諾瑞娜・赫茲（Noreena Hertz）在二〇〇三年《當企業購併國家》一書中就提出此警告：

過去二十年來，政治與商業之間的平衡關係已大幅變化，政治人物逐漸臣服於大企業的巨大經濟力……企業進行拍賣，把創造新工作機會及投資基礎建設的承諾，以及把經濟成長賜給喊價最高的國家，並拒絕前往或威脅撤出勞工成本及稅負過高的國家，也威脅撤出標準過嚴或未提供補助或貸款的國家。全球有越來越多大企業的決策權增強了，有能力將錢自由移動，並自行決定要在何處投資及生產，在何處繳稅，並讓可能前往投資或生產的幾個點去自相殘殺[3]。

此外在《世界大恐慌：自由資本主義的全面崩盤瓦解》一書中，政治經濟學家伊恩．布雷默（Ian Bremmer）也憂心地對同樣的情況做出類似的評論：

即使是最龐大的跨國性企業，他們造就擁有自己的金流與資源，同時在各個國家的國際政策上早已有一定程度的影響，他們可以運用不同國家之間的關係，限制單一國家的政策。如果類似這樣的跨國性大型企業他們可以在多個單一國家裡，運用自己的關係影響當地的稅制，或者是當地的法令規範，試問，這些國家又要如何來調整自己國內對外的賦稅政策，藉此來吸引更多的外商投資，以求創造出國內的就業機會呢？如果因為跨國企業的影響，國家稅負減少，那這個國家又該如何利用稅負資源來聘足夠的公務人

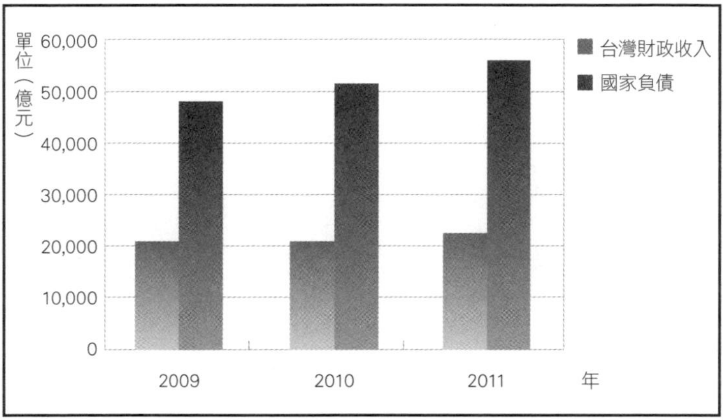

台灣近年財政收入與國家負債比較

資料來源：政府網站

員，提供像是國內安全、國民教育、公共建設、港口興建，還有其他的公共事務的推行呢[4]？

從過去政府得以在企業營運上施展監督與制衡的壓力，到現在情況反而成為為爭取跨國企業所能帶來的利益與經濟成長，多國政府因而相互競爭，大多也都從稅務優惠上著手。同一時間，民主政治的政府還需要迎合選民。這幾年歐債風暴問題突顯出，在民主政治下，人民期望政府提供更好的生活品質與保障，短視近利的政客為了顧及選票，造成只考慮下一次選舉而不斷增加政府借貸的情況。上表顯示了全台灣近幾年財政收入與國家負債比較下，國家負債快速惡化的情況。

當社會中的貧窮人口又持續增加，政府徵稅困難、債務持續上升，企業向政府奪權的行動仍持續無聲地進行，那麼資源分配失衡、貧富差距的問題，真的還是單靠政府力量、改變徵稅的方式就能夠解決嗎？

改變遊戲規則，讓大家公平競爭

我所描述的，是我所看到的世界，我相信只要留心，大部分的人也都能看到我所看到的世界，或是看到更多我所沒有看到的角落。資訊交流與傳播的方便、快速，使我相信，只要我們願意，沒有什麼事情是不能被看見的，對於社會的各種問題，再也沒有漠視的理由。

達爾文在科學界發表了「適者生存」一論之時，社會學上出現了社會達爾文主義的思想家，對於當時剛歷經完第一次工業革命，並確立了世界工廠地位的英國，社會達爾文主義使得資本家們，更極力追求自由主義的競爭，促進了英國資本主義的發展和繁榮，卻也開啟了英國做為日不落帝國的殖民時代。殖民帝國時代的開啟，讓歐洲諸多國家迅速開始累積財富，各種文明光榮的根源，卻是對世界其他國家人民不斷壓榨。不幸的是，這種現象與心態，我們在現代社會裡還是可以看到。在社會達爾文思想中，自由競爭的最終結果，會把那些不適應社會發展變化的人淘汰，但卻忽視了社會是否有給予每一個人自由競爭的權利。

在資源分配不平衡下所造成的強者越強、弱者越弱情況，受害的「弱者」不再是社會達爾文種族優生學中所敍述，是因為失敗的競爭與演化所造成，而是因為社會的問題而無法受到均等機會的一群。如何逆轉這種不公平的競爭，讓社會可以更正向的發展，是極需被解決的問題。

❸ 諾瑞娜・赫茲（2003），許玉雯譯，《當企業購併國家：資本主義與民主之死》，經濟新潮社，32 & 83。

❹ 伊恩・布雷默（2012），李大川譯，《世界大恐慌：自由資本主義的全面崩盤瓦解》，商周出版，25。

政府雖然有積極幫助窮人的政策，但受到企業發展的影響，貧富懸殊的情況似乎也只是日漸嚴重，不見改善。適者生存的進化論帶給社會不斷進步的動力，但社會必須要極力避免的，是從進化論中勝出的強者藉此倚強凌弱，朝向非正義性的剝削與壓迫方向而行。

新貧富懸殊現象已成為受到注目的一大問題，各界的專家、學者、經驗人士也從不同的層面上展開研究與討論，並提出各種解決的辦法。為了使我們現今所面臨的問題不再惡化，我們的下一步應該往哪裡走，才能在經濟自由競爭的社會，仍可鼓勵每個有心人，以積極的態度去發展個人的潛能。讓社會上的每一個人都能相信，只要懂得運用自我潛能、找到適合自己的舞台，並抱持著毅力、熱情與決心，終能為自己找到一個幸福的人生。

企業對消費者的造反呼籲

在我們所看到的現況裡，馬英九總統在二〇一二年時雖曾表示，在未來的四年中，他第一重要目標是均富，但種種社會問題惡化的新聞卻仍舊隨時可見。

現代社會上影響力漸漸擴大的企業，面對在商場競爭上「勝者為王、敗者為寇」的壓力，在生存的競爭裡，對社會所造成之非自願性傷害，多數無法有效防範，就算是主動想為社會提出幫助，也是處於兩難的局面。

在尋思如何能讓企業在不違反競爭原則下，避免可能為社會帶來的傷害，許多企業家提出了各種方案，讓企業得以在爭取獲利時，能主動提出相對合理的付出，這不但只是讓企業照顧、回饋社會的一種管道，更是一個能夠使過度集中於企業的資源、財富獲得舒緩的方式。

但不論這些新觀念所著重的方向為何，消費者所扮演的角色卻最為重要。企業的經營最終必須仰賴消費者，能夠改變企業的源頭，自然也應該是來自消費者。為此赫茲還曾提到，在她眼中看來，大眾不僅有能力影響政府和企業的運作，更有可能藉由消費的行為引出期望，她在書裡還說到：

……最有效的方法並非讓選民透過投票箱提出需求及期望，而是在超級市場看消費者肯不肯掏腰包，來引導出他們的期望。這些直接行動的形勢逐漸取代了傳統的政治表達形式……當政治人物同意增加企業的自由度，當傳統投票逐漸被視為政治表達的無效工具，購物就被賦予了新的政治重要性，這是普通百姓最有效的武器，讓他們對政府、國際組織及跨國企業施加某種程度的壓力，使其負起責任。

面對當今社會資源分配失衡的問題，如何重拾、提高社會一般人、甚至是弱勢族群與強者競爭的機會與可能性，台灣有一些企業家提出，企業應該主動分配獲利回饋社會。但很明顯地，這樣的主張很難受到企業界的支持與認同，因此他主張消費大眾的選擇性消費行為，在這之中將會扮演最關鍵性的角色。當消費者支持有心在競爭時同時等值回饋社會的企業，才能逐漸提升企業對解決資源分配失衡問題的重視，讓社會在接下來的資本主義競爭中，仍然可以朝向公平的理想發展。

推動這項改變的力量則是來自消費大眾，當一個社會能夠有更平等的機會與資源分配，消費大眾也是最終的受惠者。在接下來的章節，我們會對企業社會責任，以及各企業所做的行善方式、社會非營利組織所存在的行善做討論，並提出這項可藉由消費力量，扭轉社會不平等情勢的行動方法，讓它成為面對當前社會問題，每一個人必須採取的行動，形成一股由消費者發起的社會運動。

本章小結

◎在M型社會下，人民不但面臨失業、資源分配失衡、經濟不民主……等問題，更有越來越多人喪失追求幸福的機會。

◎在企業影響力逐漸升高的同時，政府是否還有足夠的能力照顧社會、保護人民利益？

◎發起佔領運動的聲音：

▼誠實為社會努力的人，不應該因階級受到落差如此大的待遇

▼經濟應該有更多的民主性、公平性

▼資源需要重新分配的機會

▼要改變，需要有耐心，還需要持久的毅力

◎企業經營需要仰賴消費大眾；藉由消費力量引導期望、扭轉資源分配不均問題，是每一個人必須採取的行動。

◎年輕人的幸福主張：

▼爭取實現夢想的權利

▼對現實不公的情況勇於挑戰

▼對社會問題有宏觀的了解，將會幫助未來在社會上的發展

本章結語

我回來了！台灣，你準備好了嗎？

我從小就有一個夢想，也曾經好幾次為這個夢想刻畫藍圖：希望到國外留學見識並盡可能地經歷、體驗、學習，然後回到台灣，運用所長、盡一己之力。回到台灣，有很多朋友問我為什麼不留在國外發展。其實機會當然是有，但心底卻總是認為，就算做同樣的事情，若我身在台灣，意義就是更大。

回到母校，頭一次體會到什麼叫做十年如一日。碰見昔日看著我長大的老師們仍然堅守崗位，也看到許多人才陸陸續續回來，然而面對少子化的現代，學校裡的氣氛已與過去的熱絡大不相同。原本以為是因為台灣已過了經濟起飛的年代，有能力培養小孩學音樂的家庭減少，再加上古典音樂的環境本來就比較小，才會讓期待大展身手的新一代，有了「能力受限於環境」的感覺。但我逐漸地發現，事實其實並不是這樣。無論是在台灣一路求學畢業，或是像我一樣出國留學後回國，身旁許多親戚朋友都面臨著類似的情況。到後來，我才發現，原來我們所處的社會已經被賜予一個封號，叫做「崩世代」。自那時候起，我開始向前輩們探聽，也對如何因應時代所帶來的挑戰，產生越來越高的好奇心。

回到台灣後，有幾次到校園裡演講，聽眾裡的小朋友常喜歡問我，學琴之路最難在哪裡？其實在學琴的每個階段都有不同的難。小時候得失心很重，要克服的是當成果不如預期時，仍能保持追逐夢想毅力的難；到了重視表現自我的青春期，在音樂前如何能保持謙遜之心、在展現自我才華時仍能夠不違背作曲家本意的難。此外，回想起耶魯鋼琴主任包爾曼（Boris Berman）曾說過的話，練琴是一位鋼琴家的終身職業，光是要有這個耐心與毅力，肯花這麼多時間在鋼琴前久坐、練習，就是一項很大的挑戰；對我而言，最難的就是在面對種種困難時，仍然能夠擁有不滅的熱誠。

同樣的道理，不管我們選擇的行業、領域是什麼，每一個人在路上總會遇到困難、挫折與徬徨，能夠支撐我們走過困境、讓我們堅持下去的，往往需要我們讓自己重新燃起最初踏入這個領域的熱情與動力。在面對社會變遷所帶來的困境時，若我們能夠堅持朝向最初激起熱情的方向前進，才有機會獲得克服困難的毅力，並有更大的勇氣，發揮創造力、走出自己的路。

在我畢業之時，正好是賈伯斯風潮瀰漫全球的巔峰，他「創新思考」的模式影響了許許多多的人，而我相信，他一定也會贊成這段話：當我們都能夠找到熱情與所愛，並堅持我們的理想，就算現實環境的改變看似不利於我們的發展，我們還是能夠把理想的環境創造出來。

第二章

企業社會責任

因為社會變了，所以我們的態度也需要改變。
對企業的評價，從責任開始；
對生命價值的探索，從幸福開始。

不做自私的努力

記得以前在大學時，國外同學談及「亞洲媽媽」的競爭心態時，經常露出避之唯恐不及的神色。每個星期六早上，坐落於紐約林肯中心茱莉亞音樂院學校的大廳，都會出現絡繹不絕、帶著小孩子來上先修班的家長，其中以亞洲人居多，家長們往往暗暗較勁，到底誰家的孩子比較優秀。有時候還出現媽媽幫小孩搶琴房，好讓孩子有更多練琴的時間，甚至在學生與家長間，出現道人長短、勾心鬥角的問題。在求學競爭的過程，不是你輸就是我贏的模式，是我最不能釋懷的地方。

難道競爭一定要這個樣子嗎？難道成功者，就一定要被冠上「自私」的頭銜嗎？有多少的成功者，爬得越高反而越感到孤單。難道我們就一定得在自己與他人的成功之間做選擇？難道不能一邊發揮能力、一邊協助他人？我們的努力，若能夠讓自己和別人同時獲得成功，不是更有價值？

用這樣的心態，我反思全球的問題。

環繞全球的佔領者到底是在針對什麼提出反對？貪婪嗎？

但我又想，表演者對舞台貪婪、藝術家對創造貪婪、音樂家對於捕捉瞬間感動貪婪，對於一個有企圖心、追求夢想的人，貪婪有其必要性，因為它給了我們更多努力的動力。美國石油大王兼慈善大師約翰．洛克斐洛（John Davison Rockefeller）商學院的老師曾告訴過他，貪婪沒有什麼不好，人人都可以擁有貪婪之心，從貪婪開始，社會才有希望。當時，包含洛克斐洛與在場所有學生聽了都好震驚，因為這無非是違反我們在倫理與道德上的教誨。不過，將貪婪視為對於「好還要再更好」的追求，貪婪確實也可算是帶來進步的一大動力。尤其，當我們在追尋「更好」的同時，若也能為他人帶來「利益」，難道不是值得受到贊同？

反之，當一顆貪婪之心，不僅不會為社會帶來進步，還會對其他人的權益造成損失甚至傷害時，這樣的貪婪，就不應該被容許。

金融危機後，社會對企業、資本主義發展的信任迅速瓦解，也是因此，最近在世界各國的輿論中，對於濟弱扶貧、社會公平正義的企業社會責任觀念越來越重視。

自從美國由次貸風波引發金融危機後，華爾街的高盛投資公司（Goldman Sachs）從此就被掛上了貪婪臭名，也使得該公司面臨始料未及的聲譽危機。幾年前，高盛公司便引入了平衡記分卡制度，列出每位員工每天的利潤和損失情況，以此來評估員工的表現。雖然這種方式在華爾街的公司裡還算普遍，但卻也導致公司上下皆以利潤為目標，其心態使得公司員工將客戶與道德做為最優先考量的觀念一掃而空。在二〇一二年三月十四日，高盛的執行董事史密斯（Greg Smith）不但以發表公開信的方式宣布辭職，更在《紐約時報》中，針對公司上下向錢看齊，無視於顧客利益的公司文化，大肆批評：「從沒有像現在這樣有毒和具破壞性」。像這樣的貪婪，才是真正讓我們掀起造反的理由。

在中國傳統的觀念裡，我們似乎養成了「萬般皆下品，唯有讀書高」的信仰，有時，也使得我們下意識地養成對學位、對社會地位的貪婪，可能也因此開始盲目地相信，唯有讀書可以為我們取得好的工作、更高的社會地位。大多數的人，還是脫離不了將名聲、財富作為衡量個人成功與否的標準。但是人生的目的，真的是獲得財富、名聲與成就嗎？

我們要以什麼樣新的態度，才能讓社會發展的下一步，不再受到貪婪、競爭與資本主義發展的傷害？

幸福是人生的最終目的

不管踏入哪一個領域，工作上的滿足與成就，能夠帶給每一個人幸福。然而要保持什麼樣的態度，才能從工作中獲得這份幸福？甚至可以讓自己在為自我幸福努力的同時，也能為他人帶來幸福？

為了尋找答案，我從歷史的智慧，重新探索起幸福的定義……。

希臘的哲學家亞里斯多德曾言：「幸福是人生的最終目的。」我相信，當我們在追求更多、更好的同時，也是因為感受到更多、更好會為我們帶來更多的幸福。但是要是我們反問自己，幸福對我們而言到底又是什麼？在追求更多、更好之時，真的能引導我們走向幸福之路嗎？

達賴喇嘛曾說：「賺錢的最終動機，是為了提升幸福。」馬英九總統在二〇一二年年初時也說道，台灣未來不只是要以傳統衡量經濟成長指標的國民所得或是ＧＤＰ而努力，更重要的是要為國民幸福指數而努力。他更強調，在連任後的第一個重要任務，就是要制定衡量國民幸福指數（簡稱為GNH, Gross National Happiness）的標準，並且在二〇一二年開始，每年公布國民幸福指數，強調經濟不是國家唯一追求成長的目標，更重要的是要讓人民感受幸福。

財富能帶給我們的快樂是有限的，當一個人擁有一定的財富後，他的快樂程度並不會因為他財富的提高而升高。那到底是什麼元素，能夠比財富帶給我們更高、更真實的幸福？

俄國作家果戈里所言：「如果有一天，我能對我們的公共利益有所貢獻，我就會認為自己是世界上最幸福的人。」我想，這也就是為什麼，在面臨貧富差距問題越來越嚴重的今天，世界上有越來越多如巴菲特與比爾．蓋茲等人，願意將私有財產大筆的捐出。在台灣，我們也看到如長榮集團總裁張榮發、鴻海董事長郭台銘、潤泰集團總裁尹衍樑與王品集團總裁戴勝益等人，開始承諾將多少的財產提出做公益。

雖然台灣企業幾十年來一直都有出錢、出力投入社會公益，但企業家承諾捐出幾乎全部財產，卻也是最近兩、三年才逐漸出現的事。或許，這是他們在企業財團化、國際化經營後，面臨社會資源分配失衡所做出的回應，又或許這是因為他們感受到，若能將藉由企業經營所累積的財富，在更多人的身上發揮作用，將會為他們帶來光靠財富所買不到的價值與成就感，還是這根本又是另一種富豪炫耀其社會地位與影響力的方法？

先問自己，能為社會帶來什麼

調查曾顯示出，當生活的物質需求已在一定的滿足之上，財富的增加，並不會為人們帶來更多的幸福。那到底什麼樣的方向，才能帶我們走向更幸福的路？在幾個曾聽到的小故事裡，我發現了很大的啟示：

有一位年輕人在美國西部開了一間旅館，開店後不久，他聘請了一位從中東國家來的中年女服務生。這位女服務生的態度樂觀，為旅館帶來了很多正面的風氣。有一天，這一位年輕老闆心想，她每天所做的事是如此的枯燥無味，但為何她卻能夠這麼快樂？於是這位老闆就問她，為什麼妳可以從每天平凡無奇的工作中，得到這麼多的快樂？這位中年女服務生告訴他，雖然遠離故鄉，做的也只是清潔與整理的工作，但只要看到每一個到這裡來的旅客，因為她盡心盡力的服務，而得到賓至如歸的感覺，再想起自己也是身在異鄉的情境，就成為使她快樂的原因。這也讓我們了解到，不管你做的行業是什麼，只要你能感受到你所做的行業是最具有價值、能為別人帶來價值的，你都能夠從你的行業裡，找到最大的滿足與快樂。

另外有一則故事也說明了，當一個人不再以追求財富、虛榮和奢侈為目的，轉而追求理想與真理時，內心也能因此而富足。或許也只有在這一條道路上，我們才可以找到真正的幸福：

有一位醫生到了物資並不充裕的鄉鎮醫院替人看病。他告訴一位先生，依症狀看來，他必須接受開刀，並且越快越好。但那位先生遲遲不肯，醫師就生氣地說，我是醫師、又不是神，你要是不開刀，我怎麼能救你？那位先生聽了還是毫不猶豫地堅持，只要醫師開個藥、讓他在醫院休息個一晚，隔天他就回家。醫師又氣又無奈，當先生的太太來醫院探訪時，醫師又對太太抱怨了一番。

太太這時才說，家裡根本沒有錢讓先生開刀，就算開了刀，健保幫忙給付，先生還必須住院療養。他家裡有兩個小孩，先生是全家唯一的收入來源，要是他開了刀，無法工作，家裡的生活怎麼辦？醫生聽了很驚訝，但也無法再繼續勉強。隔天，醫師在會議上和同事抱怨了起來，他在城市裡看過這麼多的病患，但還從來沒有看過像這樣窮到不能開刀的。同事聽了告誡他：「做為一位醫師，可以讓病患因病而死，但可不能讓病患因貧而死。」這才讓醫師恍然大悟，並告訴先生與太太，自己願意幫助他們開刀，並且協助了一些醫藥費用。因為心存感恩，這個故事不斷地在網路上流傳，幾年後，先生公開在媒體上對這位醫師表示謝意。然而醫師卻說：該感謝的人是我，是你再一次提醒了我，做醫師最終的目的到底是什麼？

當我們在選擇習得某項專業技術、在選擇職業時，最初的動機，應該都是因為我們感覺到，那一項專業最符合我們的熱誠，也相信我們的能力可以因此獲得最大的發揮。但是，一但投入的時間長了，我們是不是也會忘記該技術所代表的意義，以及我們想從技術中帶來的意義。亞里斯多德在《尼各馬科倫理學》第一卷開宗的第一段文字說到：「一切技術，一切研究以及一切實踐和選擇，都是以某種善為目標。」所謂善，我想在這裡所指的，是為他人提供服務，或是為社會帶來進步的力量。換言之，也是在說每一個人的技術、研究、實踐和選擇，根源都是來自服務他人與提升社會的善念。若是我們在為他人服務、為社會帶來進步的同時，所從事的是與個人熱情、喜好相符合之事，我們所能感受到的不但是幸福，也是無比的自我成就與價值。

在音樂的路上，當我將聚光燈從做為獨奏者的自己身上，轉到藉由分享，為更多生命帶來色彩的音樂本質，也會讓我在音樂的世界裡找到更大的滿足。

賈伯斯的苦與樂

記得有一次，一位小提琴家朋友在演出完蕭士塔高維契弦樂四重奏的音樂會後告訴我，她終於感受到，音樂在那個時代之所以會這麼具有影響力，是因為作曲家將那時候的人民與政府間激烈的抗爭，用各種表現方式寫進音樂裡。就算在作曲家精湛的作曲技巧下，將他的作品讓世世代代流傳下去，但當時聽眾所感受到的共鳴與震撼，卻是我們無法再一次感受到的。

在紐約，我常會和從事藝術與戲劇管理的朋友，到各大大小小的戲院看戲，有的是在述說某一位歷史名人的故事，有的是在重現某一次的戰爭，或在描繪某一時代的文化。看了這麼多，卻鮮少有人能把我們現在所經歷的社會轉折與變遷，很快地搬上舞台。

但在二〇一二年初回到紐約之時，我卻在曼哈頓的東村看了一場很特別的戲，是由麥克戴希（Mike Daisey）所主演，一部名叫《The Agony and Ecstasy of Steve

Jobs》的獨角戲（中文譯為《史蒂芬賈伯斯的苦與樂》）。劇中內容一方面談論賈伯斯如何宣揚蘋果電腦即是科技、設計與未來的結合，一方面卻不斷忽視、隱藏中國工廠的勞工超時工作、薪資過低等問題。戲劇本身就會有誇大的效果，此劇在後來所被報導的有誇大之嫌，大家也不需要太驚訝。即使劇本誇大，卻還是點出了每種商品在製作過程中，可能都會有不為消費者所知的一面。蘋果如 iPhone 與 iPad 等商品受到前所未及的歡迎與暢銷，為滿足消費者所提出的高需求量，漸漸地也使工廠內所發生的勞工問題浮上檯面。

雖然比起美國，在台灣的媒體更早就揭發了這個問題的存在，但在看完戲中諷刺、黑暗的詮釋後，當我們再一次使用蘋果商品時，心頭如何能不再次去質疑這些商品是如何被製作出來的。這也不禁讓我們開始思考，當我們在享受科技的創新與快速發展的同時，是不是有人卻因此而受到傷害？我們的未來是不是也受到了傷害？

環境溫水

所謂樹大招風，先前所提到的蘋果例子，相信也只是眾多案例中的冰山一角。從以前到現在，許多企業在發展與營運的同時，也曾為社會造成不同程度的傷害。有些已被世人所見，有些卻還埋藏在不為人知的深處，只有企業自己心知肚明。一直以來，社會輿論就不時地去檢視企業在營運時，是否正在對社會造成傷害。除了勞工問題外，過去幾十年裡，科學家們也曾不斷提出嚴重警告，表明要是我們再這樣無止境地消耗資源，如同電影《明天過後》中所描述的災難情節，可能就會發生在我們人生可及的未來裡。

在愈來愈迫切的環境危機壓力下，不管是來自國際組織、各國政府或是民間團體，也開始以相關的活動、商品等，大力推對動環境保護意識。企業社會責任之所以會開始受到熱烈的探討與重視，源頭之一就是因為有些企業在發展之際，曾陸陸續續因為對環境造成重大汙染、對人體健康造成危害、對農民壓榨、對勞動力剝削……等案例曝光，而遭到民眾強烈抵制。社會因此意識到，在不斷提升的文明生活背後，正有資源受到不計成本的浩劫、有人以無價的生命做為代價。社會也開始以維護環境、道德、人性等基準檢視企業活動，企業社會責任更因此開始受到重視。現在我們所能看到的成功企業，其實有許多都走過增強企業社會責任意識的時期。知名運動鞋廠牌早期於中國所設的工廠，曾因為被人控告為剝削員工的血汗工廠，而使品牌受到社會人士的抵制。此外，風靡全球的咖啡連鎖店，也曾經因為有剝削農民之說，而受到公平貿易相關之輿論抨擊。

在資訊傳播迅速發達的今天，我們每一個人都有機會掌握來自世界各地，各種與社會、環境議題相關的資訊，使得對於環境、弱勢、地方性與全球性的各種問題，再也沒有漠視的理由。

企業社會責任不等於行善

長久以來，的確還是有許多企業領導者，在發展企業時，不但有維護社會、環境之意識，也有回饋社會的觀念，甚至積極參與社會發展、國家建設，例如提供房舍、學校、圖書館、博物館和大學的建造等。這些舉動，多數源自於企業領導者對社會的善意與關心。十九世紀的美國鋼鐵大王安德烈．卡內基就是知名的例子，他更是帶動起企業家積極投入行善的重要人物。座落於紐約五十七街的卡內基音樂廳就是由他建立的，卡內基音樂廳至今仍是國際演奏家活耀、傑出青年音樂家夢想的舞台，以及所有音樂與藝文愛好者的朝聖之地。

但比卡內基更早開始行善的企業家是十九世紀的喬治．琵琶地（George Peabody）。他曾在美國馬里蘭州的巴爾的摩（Baltimore）建立第一個文化中心，其中不但包含了博物館、圖書館，位於文化中心內的琵琶地音樂院（The Peabody Institute）在美國仍是數一數二，悠久的歷史更勝紐約茱莉亞音樂院。

繼約翰琵琶地後，繼續在巴爾的摩大力投入教育與社區建設的慈善企業家為約翰．霍普金斯（John Hopkins）。在他貢獻下所建立的醫院與大學，為城市帶來極高的經濟成長，顯示來自企業界的協助，對文化、藝術、醫療建設發展的重要性。尤其是從以前到現在，藝文界有太多的發展與興盛，要是沒有來自企業或社會資源的投入，根本就不會存在。許多企業家們也都了解這一點，使得企業協助社會發展的文化也因此不斷地傳承。

但企業家的資源，其實也是來自企業的營運。

行善只是出於自發性的行為，並不能彌補企業對社會所造成的傷害。這裡的一個例子，就明顯地描繪出兩者間落差：

當卡內基圖書館在賓州開幕時，卡內基曾說，願能讓最貧窮的民眾在走進這間圖書館的大廳，從書架上拿起書籍閱讀、聆聽管風琴樂聲、欣賞迴廊中藝術品時，能感受到這一切也是他所享有的。

但這一份好意卻不見得能夠被所有人領情。在圖書館開幕的幾天後，匹茲堡當地的報社說，在當地卡內基鋼鐵廠工作的工人，對那天言論的反應是：當一個人每天被要求超時工作，薪水被苛扣時，哪還會有什麼閒情逸致逛圖書館、欣賞藝文？

沒有被納入的企業社會責任

在科技化的影響下，現代企業的生產力提高，導致社會工作機會降低；在國際化的影響下，企業獲得將工廠自由遷移至不同國家的能力，讓他們可以不再受限於特定國家的政府管制。從下頁的圖表中我們可以看出，各國政府為了爭取企業前往發展，不斷地降低企業營業所得稅，而使企業日漸富裕。

下列的圖表整理出各國普遍對企業社會責任的認定標準。但到目前為止，並沒有發現有任何國家，將企業因科技化、國際化的發展所帶來的貧富差距、失業率問題，涵蓋在企業社會責任的範圍內。但當全球都面臨社會嚴重M型化的危機時，企業家們如何還能袖手旁觀？

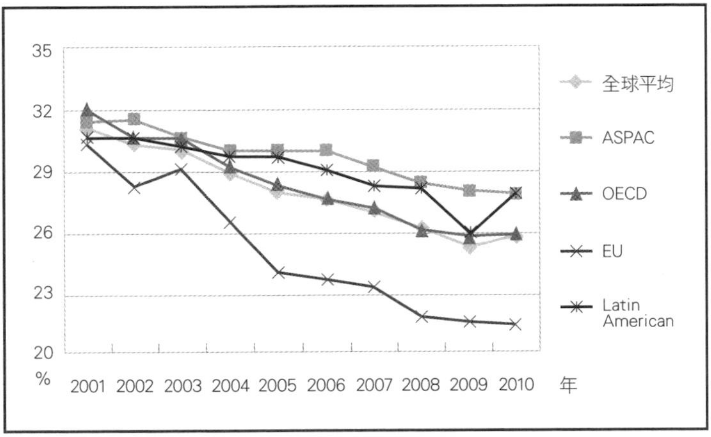

全球各主要經濟體的營所稅稅率

資料來源：KPMG's Corporate and Indirect Tax Rate Survey 2010

- ◆ 觀念與原則——要求多國企業應符合本綱領的基礎原則。
- ◆ 一般政策——訂定共同目標以達到永續經營。
- ◆ 揭露——定期公開具可信度的資訊：公司重要事項及非財務績效完整適當揭露。
- ◆ 就業與勞資——結社自由及集體協商權、消除童工、強迫勞動與就業歧視。
- ◆ 環境——維護環境，永續發展。
- ◆ 打擊賄賂——消弭為保障商業利益而造成之賄賂行為。
- ◆ 消費者權益——提供安全與品質優先之商品及服務。
- ◆ 科技——企業散播其研發結果，以對地主國的經濟發展與科技創新能力有所貢獻。
- ◆ 競爭——遵守競爭法則。
- ◆ 稅捐—依法納稅。

各國對企業社會責任的認定標準

資料整理參考：OECD多國企業指導綱領

善意也可能帶來社會問題

有一次，一位專職協助非營利組織經營的朋友告訴我，有一家大企業突然決定要投入弱勢兒童的教育，並很快地在台灣的中南部設了許多輔導點。因為企業規模大、資源較豐富，因此在短時間內，就吸引了許多原本在其他地方參加課輔活動的學童轉到此地。

雖然該企業原本的意圖良好，但他們沒有考慮到，突然地投入是不是可能會破壞在當地、或是鄰近地區，原來已經在協助弱勢教育輔導單位的生態。

說到此時，這位朋友更憂心地表示，該大企業協助弱勢教育只是這幾年的方案，也不知道會持續多久，萬一他們哪一年決定抽身不做，先前的輔導單位卻又已經消失，這一些小孩到時候又該怎麼辦？

雖然這是我朋友從他身處的角度所看到的憂慮，但類似性質的問題卻已經在社會上發生。例如，當政府單位嘗試解決失業問題時，是不是也會在開闢新就業機會的同時，發生其實只是在取代原有機會的情況。若要嘗試在不影響原有工作生態環境下，找出能夠協助解決就業問題的新管道，社會是不是就應該朝向非傳統性的工作機會發展。

彼得．杜拉克曾經預言：二十一世紀將會是非營利組織的世紀。從這項預言中，我們是不是可以聽出，非營利組織的領域在此刻及未來，將會有更大發展的空間、也將有可能創造更多非典型的就業機會？

讓企業與公益結合

在受到諾貝爾得獎者尤努斯（Muhammad Yunus）「窮人銀行」概念的激勵，來自全球各地有更多人希望在商業與公益行為間，找到更好的結合與經營方式，因此出現越來越多所謂的社會企業，在台灣就可以找到好幾個例子。

以台灣的情況而言，社會企業模式興起的一項重要原因，是因為近年來非營利組織的競爭越來越明顯，再加上受到社會經濟起伏、資源捐助有限且不穩定的影響，許多非營利組織決定不再將重心放在對外募款上，而是讓組織發展出能夠以自給自足為目標的商業行為，促使組織或是組織裡的某些單位，朝向市場化的方向發展。

舉例來說，一位行銷學的教授告訴我，他曾經因為需要提供行銷上的建議，而開始對一家提供弱勢就業機會的洗衣店進行了解。該洗衣店因為發現有許多身心障礙的朋友，就算好不容易得到了工作機會，卻可能因為不適應工作崗位而無法久留，因此洗衣店的老闆決定為他們開闢工作場所。幾年下來洗衣店的經營也算相當成功。

但雖然社會企業可能有助於非營利組織自力更生，但這與解決資源過度集中企業的問題，卻是兩個截然不同的方向。

社會企業在台灣終究是可行還是不可行？

其實陸陸續續也已經有人指出，社會企業在台灣發展所面臨的最主要挑戰：當非營利組織要走向社會企業，組織管理與經營模式都會受到很大的改變，且從事非營利組織之人，大多沒有企業經營的經驗。

但更重要的是，目前社會企業大多是由非營利組織轉型成立，只有少數營利事業對社會企業有興趣。以目前的情況來看，企業認同社會企業，但由企業自發性地轉型成為社會企業的案例可說是沒有。那麼，要促使企業將更多的資源回饋給社會、解決資源失衡的問題、為社會實現更高一層的公平正義，光靠推動社會企業就是無法做到的，勢必要找出其他的作法。然而這項作法又是什麼呢？

偏差的努力會帶來危害

自古有言，萬物以自我為中心，從物性的出發點，每一個人在思考與抉擇時，都會以自身的利益為出發點，但在受到外力的壓力與引導下，就有可能產生選擇的改變。因此企業在面對企業社會責任的態度，多數是出於自我保護與自我建立，並不是出於利他；就算是因為可以在行善的行為中有所獲得而行善，也不是出自於單純的利他心態。我們無法期望他人會自發性地將別人的利益作為優先考量，因此我們才需要在社會上發起更多制衡的力量。以消費者為出發點，督導企業加強重視社會責任，才有可能形成改變。

美國哲學家梭羅曾說：「以長遠來看，人們只會擊中他們所瞄準的目標。」記得在我學習鋼琴的路程上，曾經有過一段瓶頸；有好長的一段時間，我知道用某種特定的準備、練習與彈奏的方式，可以為我在比賽時帶來好成績，縱使在我心底了解，這樣的學習方式對於我長期在演奏詮釋上的培訓並無好處，但因為它可以使我在短時間內達到我所希望的目標，我在當時並沒有積極尋求改變。以成績為目標的彈奏，沒有辦法使我的音樂素養繼續地向下紮根，缺乏深思熟慮、穩紮穩打的過程，我的演奏水準在幾年後也就碰到了瓶頸，在其後又花上好多年才有辦法突破，那就是我所付出的代價。

掩蓋與忽視問題，只是在累積並惡化未來所要面對的補償。從我多年的教琴經驗中發現，有太多的學生家長都是以短期目的為導向，將並不具有太大意義的比較性成績，當成界定學習成就的標準。看到成績就像吃了定心丸般，低估了美學教育應是來自更廣泛的見識，而培養對藝術的喜好也不應該來自成就感與好勝心，而是生活習慣一點一滴的養成。若只單純因比賽或檢定的成績而滿足，反而會減弱對藝術的好奇。

其實在非藝術的領域也是。回想起小時候在台灣時的受教經驗，為了考到好成績，我會不斷地用參考書測驗自己，看著同學一個個跑去補習，自己總會隱隱感到，不去，好像就會輸給同學似的，因此反而減少了去發掘書本外的學習機會。到現在我仍然不斷地提醒自己，多元地接觸，才會激起我們更多的想像，當能力運用在社會上時，才能有發揮創造力的機會。

不管是誰都有可能犯下因重視近利，而將自己導向偏向的道路、偏向的價值觀。在面對這一次金融危機，美國許多商學院的學者、教授們，也開始積極檢討，到底過去的教育與社會的發展中，存在著什麼樣的問題與盲點，因而培育出這麼多唯利是圖的頂尖人才，犯下需要全民一同承擔責任的錯誤。在這一次金融危機爆發前，從各種警訊中就可被預期的災難與悲哀，在當時，是否有太多人因為急功近利，而沒有加以制止？

狹窄的目光，在企業經濟競爭的軌道上，也同樣為社會帶來了壞處，帶來了競爭者事前所沒有考慮到的危害。工業革命、資本主義，是自十八世紀以來帶領社會走向現代的開始，它影響我們生活裡的每一個細節、週遭的每一個事物，它打造了我們現在所居住的社會，但也可說是造成社會許多無論是經濟還是環境問題的幫兇。在資本主義所領導的世代，著重的是自由的經濟發展，指的是一個、或一群人以牟利為目的所從事的投資與經營。但當企業家只是不斷為利潤競爭，或是如我們在華爾街所看到的，某些金融家們為了創造更多利益，將偏向的邏輯與道德加以掩蓋或包裝，都有可能會導致經濟競爭的偏向「演化」。這樣的現象在最近的學術界被形容為「孔雀效應」，比喻在自然的演化當中，雄孔雀為了吸引雌孔雀，羽毛越來越長、越來越漂亮，直到牠終於再也無法飛起[1]。

這並不是說我們應該要避免競爭，或試圖去創造一個太平的環境。相反的，我們應該了解競爭所能帶來的好處，以及它不管是對個人發展的重要性以及為社會帶來的繁榮。以歷史作為借鏡，十七世紀後，歐洲小國眾多，競爭力激烈，迫使每一個國家都必須快速地發展，也造就了這幾百年來歐洲領先的情勢，直到近幾年。然而同一時期的明清中國，卻因為閉關自守，而喪失了原本在世界上的領導地位。此外，若沒有商業競爭所帶來的繁榮，我想，許多的大城市也不會有這麼多美好的知識與文化的發展；如果維也納不曾存在，我沒有辦法想像音樂將會失色多少；如果沒讓莫內與塞尚相會的巴黎，往後的藝術家又將會何去何從？這些都是在智慧交流與商業繁榮的競爭下所帶來的寶藏。競爭幫助我們帶來繁榮，但其惡性的發展卻是我們亟需避免的，在這裡特別強調的經濟與商業競爭尤其是如此。

但是做為消費者，我們卻有這個力量，將偏差的經濟競爭，導向正向。

以公平正義為本，追求社會共同幸福

近來各國領袖都不約而同提問：「經濟發展是為了什麼？」英國首相卡麥隆更直

❶ Christopher Meyer and Julia Kirby(2012/01), "Runaway Capitalism," Harvard Business Review.

言：「經濟發展只是手段，不是目的，目的是追求人民的幸福。」這幾年，各國不管是政治人物或是學者，都是在談論我們要怎麼樣讓社會變得更幸福，也不斷在研究，什麼樣的衡量方式，才能幫助社會上的每一個人追求幸福。但到底，幸福是靠別人研究的出來的嗎？還是需要我們自己主動去發現、追求的？

企業的建立與營運，就是要提供更好的服務，讓個人所無法達成的成就，藉由群體來完成。因此，當我們都同意人生的價值不能只是以財富來衡量，但卻發現自己身處於凡事皆以追求利益為目標的社會，我們自然也就失去了實現對理想與幸福人生期望的能力。當我們將健康、智慧、真誠的情感、接觸自然、關懷他人等，都視為獲得幸福的方式，我們怎麼能夠繼續認同企業在經營之時，可以無視這些生命中重要的元素，並繼續任由大企業帶領至以利益為導向的社會？當企業的獲利與成長必須以破壞環境與高失業率作為代價，顯示傳統經濟學理論的失靈，也表現出新發展思維的重要。

幸福的定義會隨著身處於人生中不同的旅程點而改變，但在不經意時，我們都有可能在追求自我幸福的同時傷害了他人。當我們回顧歷史，每個時代都曾發生過，無論是商界還是政治精英，因為不知節制而終究引發反撲。每一個人都擁有追求並達成夢想的權利，讓企業或個人在追求利益的同時，不去妨害他人的利益，甚至是未來人的利益。在追求自我幸福時、不去傷害他人幸福，甚至可為更多人帶來幸福，以正義為本、追求社會共同幸福，這是前進幸福社會的第一步。這個世界已經網路化，各方的想法以更快的速度融合，創新的活力不斷遞增。也正因為有更多的管道，發現社會的各種需求與不公，有能力者也就更應該要有意識和使命感，將生活水準提升的好處，帶給更多的人。

本章小結

◎幸福是人生最終的目的：一切選擇、技術、研究、實踐，都是以某種善意為目標。

◎企業存在的目的就是要服務人群、回饋社會。

◎企業社會責任的各種層面：

▼防止企業在發展之際，對環境、社會與人民帶來不負責任的傷害

▼企業對在未來可能受到的名聲損害與法律制裁做防範

▼協助解決社會問題、幫助社會發展

▼與社會服務結合，讓企業永續經營

◎企業的營運與發展，需要仰賴社會資源以及社會支持，當企業在進行任何價值鏈或商業活動時，不要對外部環境及各單位造成傷害，那是企業的基本責任。

◎前進幸福社會的第一步，是讓企業或個人在追求利益的同時，不去妨害到他人、甚至是未來人類的利益與幸福。

◎年輕人的幸福主張：

▼什麼樣的努力，可以讓我們在為自我幸福努力時，也能為他人帶來進步

本章結語

一位企業家，以及他解決M型社會的願景

在開始蒐集資料、撰寫這一本書的同時，我正邁入求學的最後階段。因為向來都是扮演鋼琴家角色，在投入這一本書撰寫的過程中，常常會有來自外界的聲音，好奇地問我，到底為什麼突然會有興趣投入看似和音樂截然不同的領域。事實上對我而言，生命此刻會落在這一點上，連我自己都感到驚訝，但回過頭來仔細想想，它卻也是經過許多的累積與醞釀，絕非看似地突然。

大學時代，我所讀的音樂院英文名為 Conservatory，中文直譯有保護、保衛的意思，表示他們的教育目的之一是要保護並延續傳統。而在這樣嚴謹的環境中，每一位演奏家又都是獨立的，尤其是對於鋼琴家而言，總是必須要在本已受限的領域，盡所有可能地去證明自己比別人出色，才有可能爭取到展現自我能力的機會。在這樣的環境下我過了許多年，卻發現自己越來越不快樂，雖然對音樂的熱誠從未改變，卻也越

來越不確定自己的未來到底在哪裡。在當時我碰到一位老師，我好期待他能以長輩的身分告訴我，讓我重新快樂起來的方法，但他卻說，讓我困擾的原因，是因為我迷失了自己與未來的方向，但這不可能從別人身上獲得解答，必須靠自己去尋找。就是因為那一段話，讓我開始回想過去引導我走上這一條路的過程，並希望從中為自己找出一些解答。

雖然頂著名校的光環，但小時候，我並不是人們口中的小天才。在音樂發表會上，雖然曾經有幾個人誇獎過我幾句，但我卻從來不以為意，也不覺得自己在音樂上有任何與眾不同的天賦。一直到有一年，我遇到了一位極擅長語言表達的鋼琴老師。剛開始和她學琴時，我彈的是一首德布希的曲子，上了幾堂課之後，新學期的期初考我就彈了這一首曲子，還記得當老師宣布我是考試成績最好的學生中的一位時，我簡直不敢相信，因為我從來沒有想過自己會有那樣的能力。好成績對當時的我而言，是意料之外的肯定，也是從那時候開始，我慢慢地發現自己的確有這方面的才華，也開始相信只要我有努力，就有可能在這條道路上發光。自那時起，藝術不但踏入了我的生命，也讓我對未來懷抱更多的夢想與動力。

能夠懷抱並勇於追逐夢想的人都是幸福的。在當時因為有那位老師的啟發與付出，不但使藝術豐富了我的生命，更讓我得以踏上這趟幸福的旅程。若當時我沒有碰到他，結果又會是怎樣？在意會到此之後，我不禁問自己，若我能在能力範圍內，幫助更多的人發掘天賦並獲得追逐夢想的機會，這會不會就是我未來最希望努力的方向？

就是在這個時候，我從順發企業董事長吳錦昌先生的口中，得知了他期望推動社會公益的願景，以及他那令人感動、領導順發企業轉型為公益型企業的起心動念。

吳錦昌董事長告訴我，他在剛踏入３Ｃ業時，也正好是電腦開始踏入人們的生活的時候。以秉持提供顧客最便捷的服務為原則，他突發奇想，若能把所有與電腦相關的商品結合起來在賣場上販售，是不是也能提供顧客一項最方便的購物選擇。在當時，像這樣將各類產品結合販售，順發是３Ｃ業界裡的第一家，幾年下來吳董事長在業界創下了不錯的成績與名聲，而在全體同仁的努力下，又過了幾年，順發從３Ｃ賣場轉型成為一家上市上櫃的全國連鎖企業。對於消費者的支持，他當然也抱持著感恩並樂於回饋社會之心。

在英文中，Quest（探索）與Question（問題）兩個字的關聯性，代表了每一個Quest都是從Question開始的。正當開始思索如何為社會投入公益時，吳錦昌發現輿論開始不斷地出現社會M型化、失業問題惡化的討論，媒體也開始不斷報導，金字塔的頂端族群不但能夠取得更多資源、更佳的競爭優勢，還能獲得政府更大的稅率優惠等類的新聞。每天早上打開報紙，他看到類似的報導不斷地重複，但社會各界對這樣的問題，卻又好像難以拿出解決之道。當他覺得，企業的科技化是促使社會問題快速惡化的原因之一時，他默默地問自己，從事3C產業的他，到底算不算是助長M型社會幫兇？站在一個企業經營者的角度，他要如何才能夠協助社會解決如此棘手的問題？面對著如此遠大的目標，這項任務，他要如何行動？

為了以服務消費者為先，他首先就想：助人既然是一件能夠獲得快樂的事，是不是也有可能把做公益時的快樂，融入日常生活的消費行為裡，讓來到店裡的客人，都能夠獲得在助人時的滿足與快樂？再來，他又思考，要是要讓全民都能夠參與公益，他應該要如何架構出一個，能讓更多企業都能夠提供消費者這項「服務」的機制，達成全民在消費時就能參與公益的理想。因為他相信，當企業在公益上的投入夠多，說不定就可以讓企業在不改變經營與管理方式的情況下，扭轉企業在國際化、科技化的同時，對社會所造成的傷害。

因此從三年前開始，他帶領順發轉型為「公益型企業」並承諾將二〇%的盈餘，優先選擇將資源投入弱勢兒童的課輔中，幫助更多兒童，使他們不會因為出生背景而喪失了選擇以及追求幸福的機會。當他告訴我希望將公益型企業與消費做公益的理想付諸文字，向更廣大的社會大眾推廣時，我自然是滿懷熱誠的答應協助。

每一個人都曾站在十字路口上，在為未來的下一步做出決定前，我們若回頭去思考過往經驗，每一個使我們起心動念的原因、每一個觸發行動的動機。當我們重新問自己是如何來到這個十字路口的，我們自然比較能夠為未來的方向做出適合的決定，也才能走出最適合自己的路。

第三章
非營利組織的世紀

讓社會朝向多元、讓更多人有更豐富發展的機會，
我們需要開闢新舞台。

彼得·杜拉克曾說，
二十一世紀將是非營利組織的世紀。
從公益帶來的價值與幸福談起，
我們在行善中看到了未來的機會。

生命更高的價值

長久以來在東方文化中，為他人無私付出、行善的動機出自於輪迴與善報的信仰。但事實上行善的「善報」不需要等到來生；助人除了能讓我們的生活更滿足、豐富與快樂，它更關係到社會發展的平衡與永續。

十七世紀的法國思想家盧梭（Rousseau）曾說，雖然市場經濟對大多數的人都是有利的，但在無形之中，我們也做了犧牲；我們變得貪婪、計較，變得只在乎自我的利益。

我記得耶魯經濟學的教授在每一次開授經濟課時，都會提醒同學；學經濟只是一個工具，更重要的，是我們要找到適合自己的使命，去利用這一個工具。

在營利組織中，大家不免會把營利當成目標，但對於非營利組織的參與者而言，驅策的動力，往往是來自對實現理想與服務他人的熱情。透過非營利組織，我們不但能夠拓展人際關係、學習到在專業領域中所無法學習的技能，非營利組織的世界更能提供我們另一個窗口，讓我們看到社會不同的需求，讓我們與原本生活圈外的不同層面連結。進而，我們也可能從中找到更多藉由自我力量，為社會擴大幸福的方法。

因此，在課堂上，教授總會不斷呼籲，每一個學生都應該在人生中積極參與、甚至是成立自己的非營利組織。因為他相信，在非營利組織中，我們不但能找到足以伴我們一生的志趣、開拓我們的心胸與視野，更有可能為我們每一個人的生命，帶來更深一層的意義。

不同層次的幸福

有一天我到廣播電台接受訪問。當我在接待室裡等待訪問時，接待室裡正好有一位中年太太與電台小姐正在享用中餐。我還記得，在交談中，那位打扮得體的太太對電台小姐說，「我已經不再相信名牌、也不再買名牌了，因為我更相信自我的價值，相信我自己就是一個會走路的名牌。」她說的話之所以會在我腦海中迴盪，因為我也相信，真正的滿足與幸福，不是來自物質的富裕，而是來自自我價值的肯定。而我們能對他人所帶來的影響與幫助，正是能夠最真誠反映出自我價值的方式之一，也就是能帶給我們幸福的方式。

換個角度說吧，在現代社會裡，資訊傳播快速、各行各業專業分工。社會的發展與繁榮，讓我們有可能花更少的時間就能得到更好的服務，但研究仍顯示，人們的幸福指數不但沒有提升，反而卻有下降的趨勢，這又是為什麼？

到高級餐廳用餐、為自己買一份期待已久的禮物，物質的享受有可能為我們帶來幸福的感覺，但卻是短暫的，就算好不容易成就了一件努力經營的事情後，所感受到的幸福也不會永恆地持續。

一般人能夠找到符合興趣與熱情、又能使生活無虞的工作，大概算得上是少數的幸運兒！就算一個人對工作有再多的熱誠，充實的生活還是有多項層面的需求。

追求幸福方向有多種層次。若一個人將當下的快樂視為幸福，那麼就可能更容易被各種誘惑給左右。若一個人從小的觀念就是要當上醫師或律師，擁有較高且穩定的收入並組成一個幸福的家庭，他的人生也會因此而朝著這個方向走。但當他達成之時，是否也會問自己，接下來呢？

有許多人都認為，只要能夠達成目標，就會獲得幸福。但卻忽略了，在多數人的例子中，達成目標前全神貫注的投入，所能享受到的幸福，可能比起當目標達成後的成就感所帶來的幸福更大。

要是這個過程又能為別人帶來好處，那追尋的過程，是不是又會產生更大的意義？

對某些人來說，幸福生活來自認真的工作態度、良好的人際關係、積極地投入與參與各項活動，並發揮個人的優點與才華。但對某些人而言，更有意義的人生，是將幸福視為來自超越個人小我的利害考量，投入、奉獻小我，完成大我的理想。

我想，在醫界的一些朋友之所以會選擇到世界上較窮苦的國家幫人義診，不也是因為在那裡，他們看到自己的能力可以發揮更大的影響力。十幾年來，因為盼望看到自己所擁有的技能，能夠幫助到更多最需要幫助的人，就算有時必須自出旅費，卻還是能夠吸引越來越多人的加入，而相信每一次的義診之旅，都讓他們感受到更高一層的生命價值。

無價的滑鼠墊

記得大學二年級的一個暑假，我到位於美國加州的聖巴巴拉（Santa Barbara）參加長達兩個月的音樂夏令營，那是我大學生涯中一段相當美好的經驗。

夏令營中最特別的地方就是對於「Compeer」（中文裡應該可以被翻譯為地位相等的夥伴）的安排，因為音樂營中的每一個學生所領取的都是全額獎學金，而音樂營邀請的都是來自世界各地一流的音樂家，經費則是由贊助者提供。所謂的「Compeer」是一個給予贊助者與藝術家交流的機會，讓贊助者在長達兩個月的暑假中，可以一同看到與感受到學生們的成長。

記得當時我的Compeer是由一對老夫妻所擔任，他們特別喜歡邀請學生們到家裡作客，也總是不時地把過往學生所寄的聖誕與問候卡片，拿出來與我們一同分享，告訴我們那些學長姐的去向，好像是他們都已經看到，就算是短短一個暑假的關懷，卻可以在各處看到開花結果。

在那個暑假的尾聲，我們送給這對老夫妻一個全體合照的滑鼠墊，照片是在一次他們帶著我們出遊時所拍的。看著照片他們很感動，而我相信他們所感受到的，是自己所幫忙培育的種子，會在未來，再一次地在世界各地、甚至是不同的領域發芽。而他們也相信，這一份愛會受到永恆的傳遞。

舉這個經驗為例子，只是希望能夠傳達我一向感同身受之事，不管是對於何種人、事的參與，行善的模式應該更積極地從「施與受」朝向「夥伴」關係努力。因為在互動時所能建立起的情感，對雙方而言都有可能是最珍貴的部分，受惠者可能會在與施予者的接觸與了解中，對所獲得的資源建立起更大的責任感，而施予者則因為從付出中得到情感上的滿意與心靈上的成就。

其實像這樣關心與幫助別人，是每一個人在每一天都能夠做到的事。我曾碰到一位公車司機，他在駕駛座上貼了一個標語，上頭寫著「日行一善」。我問他，那句標語的用意是不是要與乘客分享，但他卻說，標語是為了自己而貼的。因為計程車司機可能會對每天日復一日的工作感到平凡無奇，所以他決定開始日行一善，為他每一天的生活，帶來更多新鮮、樂趣與滿足。

世界上不論哪一套哲理或是宗教，也都有一個相通的觀念——慈悲心（compassion），教導我們在能力所及的範圍內，以不求回報的態度幫助需要幫助的人。而慈善行為最原始的動機，也是當人生活在苦難與痛苦中時，有能力的人應該不吝於給予幫助。

父母對子女的付出、親屬間的關愛、老師對學生、長輩對下屬、朋友的相扶相持，以及在患難時所展現的真情等都是如此。行善是一種對於不認識的人所做的付出與關懷。相較於身旁的親友，對於給予陌生人不求回報的奉獻，我們需要有更明確的方向、更堅定的信念，甚至需要更大的勇氣。

對於環境、社會與下一個世代，我們是不是也可以付出同等的關懷？

我也相信這項觀念的傳承、也相信讓社會中的資源不斷流動的重要性，在自己曾受惠於社會的經驗裡，也讓我時常在想，持續不斷的物質生活追求，與幫助他人追求幸福、提升才華、讓才華帶領社會更向前一步，這兩者間，哪一項能為生命帶來更高的價值？

行善是對社會的投資

在過去十幾年中，做為學生的我，對社會在學術界所投入的資源感受最深。我求學的經驗中，無論是從高中、大學、研究所到博士的教育，都是因有幸領取到由社會人士提供、使學校有能力頒發的獎學金，而讓我的學業得以順利完成。以一個鋼琴家的角度而言，我所感受到來自社會對於藝術的方面的投入更是深刻。一位音樂家的成就也需要受到社會的支持與栽培，我有幸在我所到之處，都能接受到由社會資源投入所產生的果實，使我一路上都能有持續不斷的機會學習、提升、突破。身為一位音樂家，我時常需要以演奏家的身分，與藝術行政組織、企業贊助等單位接觸，這也是另外一個，讓我在一開始，就對企業應如何將資源回饋社會的議題感到好奇的原因。

某一日在我走進一家書店時，正巧碰到某出版社的新書發表會，發表會的內容與現代行銷趨勢有關，談及在電子科技佔領現代人生活的年代，科技工程的專業人才可說是這個時代最吃香的一群。正當美國其他區域的失業率可能高達九%之多時，加州的矽谷業卻仍需要到世界各地，大力挖掘人才，這又讓我想起，當一個人在正確的時刻展現適合的才華時，財富就會隨之而來，但是那些沒有在大眾面前受到時代重視的才華，也不應該受到忽視呀！當一個人因為失去了資源、無法開發、發展、應用他的才華，他是不是也算是受害的一群？但我們如何才能讓資源得到有效的運用？

雖然政府能夠照顧社會的基本需求，但在更進一步的醫療服務、智慧研究、文化發展等，卻還是得仰賴社會資源的協助，而這些投入的資源，在未來會對社會產生的價值將會生生不息。行善在這個角度下，變成了一種對社會的投資，也使得投入者開始思考，多一項新研發，是不是就可以再把社會往前帶進一步？防止社會問題的發生，是不是可以避免在解決社會問題時所需的成本？多幫助一些弱勢的兒童，是不是也在培育推動未來社會的力量？

這時，希望看到社會發展朝更正向的目標邁進者，是不是更應該大力鼓吹社會投資的最大價值呢？我們都曾經期待著社會上最有能力的一群人，為我們盡這份力量。但我們是不是也能讓行善即是為社會投資的觀念傳開，讓更多社會大眾有這項體悟，間接地影響社會風氣，使更多人樂於在社會投入及幫助。若我們將更多的智慧，投入在像這樣的社會投資裡，是不是也就有機會，將更多的不可能，都變成可能？

當行善朝這個方向努力時，是不是也就應證了安德烈．卡內基曾經說過的，造福社會的最佳方式，是讓更多有抱負者有出頭的機會。其實在現代社會裡，若我們可以激起更多人的行善之心，使更多資源能夠投入各項公益、社會服務相關項目中，可能為當今資本主義與民主社會的衝突，提出一項改善方法。

資本主義帶動了企業化經營，資本主義的最大特質，就是激勵個人潛能發揮、市場的自由競爭，以及個體具差異化的多元發展。但資本主義也為我們的社會帶來最大的危害，讓競爭下所產生的財富過度集中，也就是我們現今所面臨的M型社會問題。當一個社會的人民對社會責任具有足夠的意識，促使由商業競爭中脫穎而出的企業們，更樂於將資源回饋給社會，便能使社會獲更多資源重新分配的機會，並藉此改善資本主義過於自我中心的缺失；也能因此使集中的資源流入更多需要的人手中，讓社會上更多的人可以同等地獲得追求幸福的機會。

民主精神的真諦，不正是要讓在社會中最多的人享受到最大的幸福，這種來自民間自發性地激起行善的動力與行為，連同政府從施政與稅收上的努力，相信能更加促進社會共榮。但前提是，扮演執行角色的非營利組織，應具有足夠的執行力與影響力，在保持服務的理想與熱情的同時，也願意不斷改進營運方式，樂於接受、嘗試有可能幫助提升執行成效的各種想法與可能性。

行善比想像中複雜

在國外的數年間，我曾參與過許多由不同性質的音樂非營利組織所舉辦的活動，對於其中好幾個組織的經營方式，以及他們在音樂領域中所帶領出的發展，也感到十分佩服與讚賞。

回到台灣後，其中一件我最希望完成的事，就是將我在國外獲得的成長經驗帶給更多人。但在多次嘗試後發現，若未細心考慮到社會需求、未經過適當的溝通，最良善的意圖也無法發揮效果。就算有心，行善之人也要懂得如何經由溝通與了解，才能對社會的需求，做出最真實的回應，讓自己的意圖，確實對社會產生貢獻。當非營利組織在執行使命時，除了實現組織的理想與熱情，也要確定其行動能為社會產生價值，而不是將資源耗費在無法開花結果的土地上。

台灣的社會風氣雖然具有愛心與慈悲心，但從許多案例來看，來自社會的愛心，有時卻不見得都能幫助到社會。

例如，近來經常發生所謂「事件性行善」的案例，就是當特定事件因受到媒體關注與報導，而獲得並非必要性的大量捐款。另外，也曾有協助災區重建的朋友向我表示，社會大眾對災區的物資捐助，也常發生因不符合災區實際需求，而造成浪費的情況。

回想在二〇一〇年時，一名住在台東的賣菜老婦陳樹菊，她持之以恆、慷慨無私的慈善助學義舉，感動了世界。陳樹菊在獲得這一殊榮時曾表示：「錢要給最需要的人才是有用的。」這也就呼應了亞里斯多德兩千年前所提出的：「要將錢捐出去，是一件在每一個人能力範圍內簡單的事。但是對於捐贈對象、金額、時機與目的的抉擇，就不見得是在每個人的能力範圍內，也不見得是簡單的事。」對每一個人而言，捐款只是投入行善的第一步，要確定捐款會受到妥善的運用，才能讓善意落實。

行善不要存疑

在行善時，大多數的人還是會抱持著不需要、甚至是不應該去追究結果的觀念，而忽略了對於資源的去向，以及對資源能為社會帶來的實質幫助提出質疑，也是行善者附帶的責任。

不論是公益或者是非營利組織，只要拿了社會的資源，自然有責任把資源用在適當的地方。當組織期望能夠持續地成長、獲得更多來自外界的資源時，除了思考、規劃並考慮資金所能造成的影響，對於捐款的使用、流向與效能，也更應該對捐款人提出詳細的交代。

基於保障捐款人權益、強化捐款人對公益團體之信心，協助公益團體擁有公平合理的生存發展空間，以改善非營利組織財務狀況不透明的理念，在台灣便有「台灣公益團體自律聯盟」的成立，希望能「藉由推動公益團體自律與他律的積極作為，共同營造良善的公益團體生存發展環境」。

下頁圖表所呈現的，是對公益團體自律聯盟二〇〇八年的財務報表的分析。雖然有很多組織剛開始時，會面臨資源有限與行政費用不足，而使行政品質的完整度受限，但在一〇三家自律聯盟會員裡，仍有七家財報未公告、二十四家有四項重要財務資訊未公告，這表示公益團體財務透明的情況，仍有改善的空間。

此外，台灣對於募款所得之使用沒有明定的約束與規範，使得組織所募得之資源，常無法有效發揮，或是有被不當挪用之虞。或者是，組織在工程進行、舉辦募款

<table>
<tr><th></th><th colspan="2">項目</th><th>家數</th><th>百分比</th><th>小計</th><th>問題探討</th></tr>
<tr><td>1</td><td>自律聯盟</td><td></td><td>103</td><td>100.0%</td><td>100.0%</td><td>N/A</td></tr>
<tr><td>2</td><td>財報未公告</td><td>財務報表</td><td>7</td><td>6.8%</td><td>6.8%</td><td rowspan="5">財務透明度不足，監督機制不彰或失效。</td></tr>
<tr><td rowspan="4">3</td><td rowspan="4">財務公告不完整</td><td>負債</td><td>25</td><td>24.3%</td><td>24.3%</td></tr>
<tr><td>銀行存款</td><td>25</td><td>24.3%</td><td>24.3%</td></tr>
<tr><td>固定資產</td><td>24</td><td>23.3%</td><td>23.3%</td></tr>
<tr><td>累積餘絀</td><td>24</td><td>23.3%</td><td>23.3%</td></tr>
<tr><td rowspan="2">4</td><td rowspan="2">銀行存入款/年收入</td><td>10倍(含)以上者</td><td>2</td><td>1.9%</td><td rowspan="2">14.6%</td><td rowspan="8">囤積資金/資產，民眾愛心資源未被有效利用。</td></tr>
<tr><td>2-10倍者</td><td>13</td><td>12.6%</td></tr>
<tr><td rowspan="2">5</td><td rowspan="2">累積餘絀/年收入</td><td>3倍(含)以上者</td><td>4</td><td>3.9%</td><td rowspan="2">20.4%</td></tr>
<tr><td>1-3倍者</td><td>17</td><td>16.5%</td></tr>
<tr><td rowspan="2">6</td><td rowspan="2">固定資產/年收入</td><td>5倍(含)以上者</td><td>3</td><td>2.9%</td><td rowspan="2">11.7%</td></tr>
<tr><td>1倍(含)者</td><td>9</td><td>8.7%</td></tr>
<tr><td rowspan="2">7</td><td rowspan="2">總資產/年收入</td><td>5倍(含)以上者</td><td>7</td><td>6.8%</td><td rowspan="2">13.6%</td></tr>
<tr><td>3-5倍者</td><td>7</td><td>6.8%</td></tr>
<tr><td rowspan="2">8</td><td rowspan="2">行政費用率</td><td>大於100%(含)者</td><td>8</td><td>7.8%</td><td rowspan="2">25.2%</td><td rowspan="4">未明文規範業務費用下限，募款所得之使用未被規範與約束。</td></tr>
<tr><td>50-100%者</td><td>18</td><td>17.5%</td></tr>
<tr><td rowspan="2">9</td><td rowspan="2">業務費用率</td><td>等於0%者</td><td>8</td><td>7.8%</td><td rowspan="2">18.4%</td></tr>
<tr><td>小於30%者</td><td>11</td><td>10.7%</td></tr>
</table>

公益團體自律聯盟2008年的財務報表公開資料分析

資料來源：內政部

活動時，轉手賺取更高利益的情況，到現在還是時有所聞。就算在財務已公開、透明的情況下，許多組織仍出現資金與資產囤積的情況，在這其中是否真的有助於組織發展、提昇組織在未來執行公益之成效，相信都還是有待斟酌與商討。

非營利組織遇到的問題

雖然募款是讓組織得以運作的方式，但持續性的募款對組織來說，無疑是長時間的資源耗損。在沒辦法以具有公信力的方式衡量組織效益前，民眾通常還是依賴名氣較大的非營利組織，造成較小團體可能因為面臨資源不足而經營困難。

從以下圖表中我們即可發現，根據中華社會福利聯合勸募協會的統計，台灣每年的公益捐款總額約為四百三十九億元，其中約有高達四十七%集中在宗教捐獻；其餘五十三%的社會福利捐款，則集中在前五個知名團體，顯示出各非營利組織所受資源不均的情況。

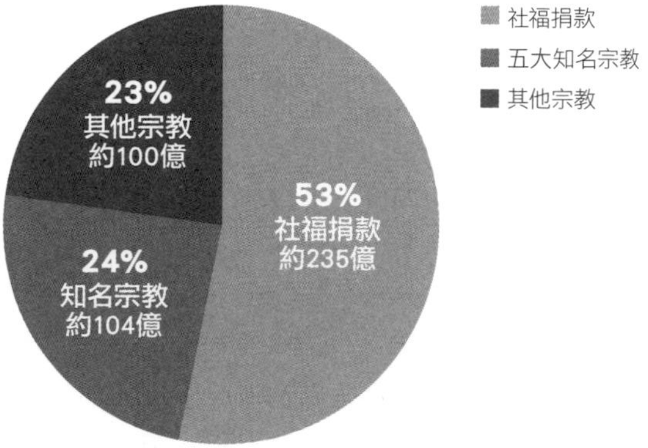

台灣地區每年公益捐款總額約439億元

資料來源：中華社會聯合勸募協會

當沒有任何資源運用及執行上的標準，非營利組織與社會大眾間，就可能會有糾紛產生。例如，為賑災日本，社會募集高達數億元的捐款，是否已受到台灣紅十字會合理的發放，就曾受到強烈的質疑。

就算在行善風氣鼎盛的美國，近十年也出現討論，雖然美國每年都有近千億美元的慈善捐款，但有越來越多人開始懷疑這些捐款的成效，也因此對「策略性行善」展開研究。這也提醒我們，要使台灣大大小小合計超過六千多個非營利組織團體運作，都能確實地幫助社會發展，不論是在資源分配或者是在資源執行成效上，我們確實需要一套更具有公信力的系統。

企業行善遇到的問題

雖然確實有很多盡心盡力在為社會服務的企業基金會，但一般大眾對於企業成立基金會的普遍印象，還是停留在企業是為了節稅而成立。因為有太多企業基金會在名義上捐助公益，但私下卻將基金會財產納為私人所用，造成企業與基金會本身私相授受的情況。對此，我們不得不提出另外一個問題，到底如何才能讓社會大眾有能力辨識出，哪些是真的有心要將資源回饋、並幫助社會的企業？

二〇〇六年六月，巴菲特宣佈要將名下股票捐給比爾．蓋茲基金會，這兩位世界富豪也展開了推廣「贈與誓言」的運動，除了提升行善的意識外，相信他們也是感受到了，藉由成就他人能夠獲得更多自我的幸福，贈與誓言的運動也因此陸陸續續地，影響到自世界各地更多人的響應與跟進。但在此不禁讓人提出的另外一點疑問：在這麼多承諾捐款的口號中，社會大眾是否有管道獲得充足的資訊，辨識出企業到底為社會回饋做了多少實質上的投入？

相互配合、服務社會

在英文中最常用於慈善事業的字——Philanthropy，其詞源來自「Love of Humanity」（人道之愛），Humanity（人道）代表生命的意義以及其所具有的潛力，透過愛與關懷，我們每一個人都有能力為自己、為他人的生命帶來幫助、提升與進步的力量。在現代的解釋中，Philanthropy指的是個人或私人機構，對於公益利益或是生命品質提昇的重視以及投入。政府、營利組織、非營利

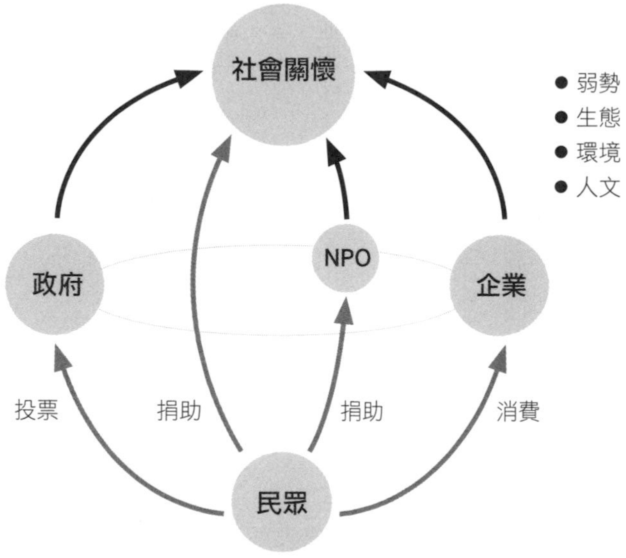

個人投入社會關懷與改變社會的管道

組織與慈善事業，是影響社會的三股重要力量，藉由上一頁的圖表顯示，民眾可以不同的方式，促使這三股力量、再加上自己，給予社會更多的關懷。

比起在團體裡所能激發出的能量，每一個人所具有的能力都是相對有限的，但因為與他人合作，我們更可能達成自己無法獨立完成之事，甚至能在過程中發掘自己潛在的力量。在投入行善之時，藉著合作的力量以及不同人的能力與才華，我們的善意更有機會落實。許多非營利組織的成立，也是為了落實來自社會上各種行善之心。對於環境保護、弱勢照顧或是提升社會品質，非營利組織扮演了很重要的角色，無論是人力、物力或財力，還是要靠來自社會大眾的投入，而非營利組織最重要的責任，就是要將資源做合理的運用，讓社會的善意能夠落實。

現代社會講求專業分工，如何讓營利與非營利組織這兩個天秤兩端的專業領域，更有效率地合作，讓各項專業發揮更大的影響力、帶來更好的服務，值得我們花時間研究。

在一般人眼中，對於從商之人總是帶有一種一毛不拔或唯利是圖的刻版印象，但事實上，台灣已有越來越多企業家具有社會回饋的善意。在商場中競爭的企業家們，在巨大的競爭的壓力下，自然而然地培養出，將有限資源創造最大價值的概念，珍惜資源使用的觀念，對社會責任心強的企業經營者而言，自然更加重要。

將商業的概念融進行善的計畫中，並以幫助受惠者在往後也能獲得同等追求幸福的權利與能力，是現代人行善的目標。行善成為了一個特殊的領域，國際上也有團體因此投入研究，希望能不斷找出為社會帶來最大影響的方法與更創新的突破。

天下沒有白吃的午餐

企業家的成功是由一點一滴的累積與努力達成的。也就是因為這嚴以律己的態度，許多企業家在行善時都會提到，出錢行善有時比賺錢更令他們緊張。

企業家們在投入慈善事業反而特別小心的原因之一，是因為他們明白：若是持續地給人免費的午餐，他就會養成不勞而獲的習慣，任何人一旦養成習慣，不論是好是壞，這個習慣就會占有他。

相反的，若人們養成靠努力換取收穫的觀念與習慣，不但更多人會因此更有成就，同時也會為社會產生更大的貢獻。當我們在追求成功時，不但要謹記天下絕對不會有白吃的午餐，在被給予機會時，我們也要不斷地提醒自己，只有獲得真正的本領，才會有持續生存下去的能力。

舉例來說，我們在一些國家的社會福利制度中發現，在失業人口上升的環境裡，因為失業者可以得到來自社會的補助，有些失業者於是寧可領取補助，也不願接受收入較低的工作，這樣的情況無非會為政府帶來更大的負擔，也有礙於國家經濟發展的活力。從這樣的例子中可以看出，發放失業補助金的同時，若能將受惠者的態度納入考量，讓他們以同等的努力換取相對的社會資源，而非鼓勵坐享其成的態度，相信會使成效更加彰顯。

英國前首相柴契爾夫人在任時，以「沒有努力，就沒有回報」的主張，廢除學校供應免費牛奶、免費午餐、縮減社會福利，主要也是因為相信，只有因自身作為或才能獲得的報酬與成就，才是我們應得的。當人民只是被動地等待政府救助時，會嚴重傷害人民努力的動機，也會傷害社會經濟。

卸任至今二十多年，她強硬的態度對英國經濟改造具有不可磨滅的貢獻，而她在當時異於旁人、堅持反對高福利的態度，確實也為社會帶來更多的進步，其模式更可供現今社會在設計救助問題時參考。

創造價值比成功更重要

一位二十出頭的年輕慈善家沈芯菱，曾道出自己的童年記憶：因為看到鄉下老奶奶所種的三萬顆柚子沒有辦法賣出去，所以決定寄發電子郵件給台灣各個公司網站，希望藉此幫忙解決銷售柚子的難題。郵件寄發後，她們得到了大大超出了預期的回應，不但成功地以網路銷售三萬多顆柚子，隨後所成立的農銷網站，在十年，間更賣了上百萬顆，幫助了當地的農業發展。

因為生長在偏遠鄉下，這位女孩在求學時，就發現自己與身旁同學所能獲得的資源有限，因此在小學六年級時，便成立了國中、小各領域的教學網站。原本只想幫助班上十位同學，建立一個經由網路學習的平台，與他人分享知識，但卻沒有想到，至今已累積了四十多萬筆的教材資料，累計使用人數也已超過四百萬人。

她的例子代表了，能夠讓我們發揮能力、潛力與影響力的機會，有可能就在我們的身邊，只要我們懂得如何看見問題與需求，並願意尋找與嘗試合適的解決方法。

其實社會上還有太多的需求等待我們去發現、解決。從參與服務他人為本的非營利活動中，我們對生命也會有不同的體認。廣闊而多元的見識與經歷，相信更能使我們學習用不同的角度去思考。

我記得，愛因斯坦曾說：「我們不應該要立志成為成功的人，但要立志成為有價值的人；而只有為別人的人生才是有價值的。」在行善的過程中，我們是不是都更能夠找到缺口貢獻自己，為別人帶來幸福的價值。我相信，在台灣許多學校也有鼓勵學生投入公益或非營利組織活動的方法與專案，鼓勵學子們在學習的路途上，不斷找尋能以自我能力服務社會、服務人群的方式。

文化、幸福、助人、快樂這些元素都是加法，不會因為別人的增加而使我們減少。當我們感受到參與這些活動對自我、對社會帶來的幫助與幸福時，我們會更樂於投入。當我們投入愈深、也會看到愈多的機會、愈多的可能性。相信在非營利組織的領域中，還有太多值得讓我們細細探索的方向，看到台灣現階段的成就，也讓我相信此領域所深具、值得我們投入的發展潛力。在可及的未來，集中於企業或是金字塔頂端「一％」的財富，是不是能夠有更多的機會，用於協助非營利領域、讓社會提供更多元的發展？

本章小結

◎藉由行善可改善資本主義社會過於自我中心的本質，讓資源有重新分配的機會。

◎行善是一種社會投資。

◎非營利組織的功能：

▼在政府能力有限的情況下，因應社會各種需求

▼提供充實生活的多層面需求與滿足

▼在參與的過程中拓展知識與人際關係，表達對社會的回饋與關懷

◎社會需要更有效率、計畫性的行善：

▼在做好事前，先做對的事

▼最小資源產生最大效能

▼在良性競爭的循環上，讓更有能力者有獲得更多資源的機會，為社會帶來更大的幫助

▼讓受惠者能有自力更生的能力；讓有抱負者有出頭的機會

◎在面對未來時，年輕人朋友們是否也可記得：

▼不同領域的探索與發現，可以讓我們找到更多對生命的熱情

▼在非營利的領域中，還有太多等著被開發的機會

▼賺錢只是一種工具，最終的目的，是要提升生命的幸福與意義

本章結語

讓天賦發光

前一陣子受邀到山上為原住民小朋友做演出時，正好遇見了一群來自美國的華僑青年志工團隊，趁著暑假大老遠地來到台灣的山區。他們不但自費來到台灣，且在生活條件無法與平時相比的環境中，他們盡心盡力地為小朋友們服務，照顧他們的生活起居，幫助他們學習，還為他們做飯、唱唱跳跳，看得我真的是非常非常地感動。

在不久前，我還曾去拜訪了一位在國小任教的老師。她說自己是如此地幸運，在退休前有機會擔任普通班級的導師，也終於有機會與所謂的弱勢兒童有更深的接觸。

當時乍聽之下，我還有一點不了解他的意思。但隨後她便說到，因為過去帶的都是美術班的學生，在與弱勢學童的互動下，他反而更容易看到自己的投入與能力，在學生們身上產生他所沒有想到過的影響，他將這一份滿足視為退休前珍貴的禮物、一種恩惠。突然間，在那時我也產生深刻的領悟，當我們在為目標、為生活努力時，若能換一個方式、換一個角度，是不是也會因此得到更多的機會與滿足。回想我在山上看到的那群志工，他們是不是也覺得，當自己能夠有更大的投入時，收穫最大的也是自己。

在這個資訊取得更便捷的時代，不論是年輕的一輩或是社會中的人士，都可以從更多元、更廣闊的角度了解社會，也因此使許多人更富同理心、也更注重社會參與。我有許多在美國的同學，無論在求學期間或是畢業後，都熱衷地投入各地各類的非營利組織活動。近年來，台灣許多學校也逐漸有更多讓學生投入公益或非營利組織活動的機會與計畫，鼓勵學子們在學習的路途上，用和過往不同的方式，尋找各種能服務社會、服務人群的方法，並與原本生活圈外的不同層面連結，不但在行善或是擔任志工的過程中，建立正確的生命價值觀，學會如何去愛人、關心別人，並同時學習到專業領域中無法學習的技能、鍛鍊出不同的能力。相信這種經歷在每一個人的成長過程中，都會是相當重要的一環。

另一方面，關心先天條件較為困難，幫助身旁資源較為缺乏的一群固然重要，但也曾有長期投入公益領域的志工向我表示，有時看到來自社會的愛心源源不絕地湧入，他也會擔心這些資源無法被珍惜使用。有一次我和幾位來自社福界以及弱勢團體的朋友，針對該如何執行公益熱烈討論時，曾有人提出這樣的看法：若一位有先天缺陷的人，太過仰賴他人或社會的關心與照顧，反而會失去讓生命發光的機會。因為每一個人都有相對於自己弱點的強處，只要朝這些強處努力，每一個人終究會找到最適合自己的舞台，為社會帶來更高的價值。

當時我立即想起全球最知名的美國范克萊本（Van Cliburn）國際鋼琴大賽，在二〇〇九年時，是由一位眼睛看不見的日本鋼琴家辻井伸行獲獎。他就是一個失去視覺能力，卻在聽覺、觸覺與記憶上產生更卓越成就的最佳例子。說到這裡，我又要再提另一位處在類似情況、卻同樣出類拔萃的二十世紀打擊獨奏家，依芙琳．葛蘭妮（Evelyn Glennie）。她來自愛爾蘭，十一歲時雙耳全聾。但她在音樂生涯最大的志向，卻是要教大家如何去「聆聽」。正因為聽不見，她發展出一套自己的「聆聽」方式——不再經由聲音，而是藉由視覺帶來的想像，藉由聲音的震動，透過身體不同部位去感受，讓音樂的每一點細微改變，都成為身體的一部分。在幾場知名的表演裡，她打赤腳，去貼近從地板傳來的震動。她獨特的演奏與「聆聽」方法，使她克服了演奏現代音樂的種種挑戰，成為二十世紀第一位打擊獨奏家。

從這些例子就可以看出，每個人生下來都具有不同的資本，這些資本不見得都是我們一般理解的優勢，也不見得是擁有多少財富；有的資本來自生長環境、有的來自天賦、有的來自個性……。如何發揮這些資本，讓生命成就更高的價值，相信是每一個生命最終的目的。其實，世界上每一個人都是獨一無二的，若不再把重點放在不如人之處，是不是每個人都能有更多發展自我特質的機會？社會上還有太多的需求與缺口，等待我們去發現、解決，若我們都能夠懂得不從單一的觀點去衡量生命的價值，我們必定都能找到最能夠讓自己幸福，且最能夠發展自己能力的舞台。

第四章

全民消費做公益

當我們已了解現況、決定改變態度、創造新戰場，
我們要如何才能讓企業、非營利組織與民眾三者間，
有良性的循環、為社會創造更多的機會？

無論是「消費做公益」，還是「消費救社會」，
這是一位企業家，為社會幸福所提出的最大造反。

企業家的造反

甘地曾說：要改變社會，要先從改變自己開始。當前資源分配失衡、貧富懸殊的問題，在企業的發展下不但沒有得到改善，反而愈來愈嚴重。正如先前所提到的，對於這個棘手的問題，順發3C企業董事長吳錦昌先生，在過去數年間，不斷希望能夠思索出可行的解決之道，而他所提出的方法，就是要藉由消費者的促成，讓社會出現更多願意將資源投入回饋社會的企業。

但這樣的理想是否真的有辦法實現？企業是否真的可能在消費者的促使下，將更多的資源投入回饋社會？是否有辦法在企業與非營利組織間，建立更有效率、更能相互激發、更能為社會帶來價值與幸福的合作方式？在吳錦昌董事長的眼中，這些問題的答案都是肯定的，這一章的重點就是在闡述吳錦昌董事長對此的想法。但描述這位企業家的「造反」行動之前，我要先從一個帶來幸福的行動開始，那就是——分享。

傳遞幸福的連鎖效應

記得在二〇一一年十二月，一位我在耶魯大學求學時認識的中國同學，到台北來做學術研究。當時雲門舞集的《如果沒有你》正在台北上演，身負必須要將台灣文化介紹給這位朋友的重任，我自豪地帶著她前往國家戲劇院欣賞雲門舞集的演出。《如果沒有你》這齣戲最特別之處，是因為它是雲門舞集創辦人林懷民唯一一部，以流行歌曲編舞的現代舞。其中讓我最深受感動的一幕，是舞者們突然從舞台上退出，深色的舞台背景上突然出現打著節拍、指出字幕的大圓點，邀請所有觀眾一同高唱過去流行一時的歌曲。雖然從小到大，我以演奏者、欣賞者的身分，出入於音樂廳無數次，但像這樣台上台下所有人的心都連結在一起，藝術、文化、流行，突然統屬於同一種語言的經驗，卻是這一次的感受最為深刻。或許是因為生長的年代晚了幾年，那是一首我不會唱的歌，但那一份共享的喜悅，卻深深地烙印在我的心中。

人們能夠享受到自己所珍惜的事物，是一種幸福，但若能將幸福的感覺分享予更多人，是一種感動。對我而言，在音樂中，這份感動來自於當我將音樂裡的美與想像，分享給他人。在心理學上也證明了，一個人比較容易將其正向感覺，感染給其他人。公益型企業最初的靈感來源，也就是要讓更多人能獲得行善時的滿足感，並藉由社群傳播的力量，將這份滿足感不斷地傳播出去。

國際上的慈善企業家也有同樣的意圖，像比爾·蓋茲與巴菲特，之所以會在自己行善的同時也推行世界行善運動，不就是希望以行善改變世界的意念與價值，傳達給世界上所有有能力的人，讓別人能從幫助他人中，獲得滿足與幸福，而他們也能在成就與促進更多人行善上，獲得滿足。

讓社會幸福，成為消費的附加價值

在商業中，企業與品牌的靈魂就是創造出來的價值，而這些價值都會轉換在消費者所購買的商品與消費經驗中。記得當蘋果在紐約上西區的第一家專賣店準備開幕時，透明的外觀、白色、簡單的裝潢，就好似它所提供的電子商品一般，具有簡潔、引領時代的風格。在蘋果專賣店開幕前幾天，三、四層樓高的店面被紅色布簾整個蓋了起來，像極了一個等待被拆開的神秘禮物，增添了許多驚奇與神秘感。在蘋果工作的員工曾說，其實同等的商品在其他商店、尤其是網路商店上賣得都便宜很多，但是蘋果自己的門市在美國銷售的利潤很高，主要是因為消費者在蘋果專賣店裡所享受到的消費經驗，是其他商店的購物經驗所無法提供的，這也是他們願意在門市購買商品的原因之一。無論你是否曾察覺，類似這種因附加價值而影響消費選擇的經驗，我們每一個人都曾經歷過。

在台北，可能有人特別喜歡特定書店空間的時尚、知性、充滿都市感與設計感，而喜歡前往該店購買。這些因素在消費過程中添加更多的價值感，也吸引出更多對時尚、知性、都市或設計感認同的族群前來消費，甚至成為消費者自我認同與自我形象塑造的方式。

若企業的操作與商店的設計，可以為商品本身以及消費的行為帶來如此大的附加價值，那麼是否也有可能將追求幸福、幫助他人與社會進步等元素，融入消費的行為中？讓行善在消費上成為一種附加的價值，甚至在消費者心裡形成一股使命感？

雖然媒體容易把焦點放在少數能夠大筆捐款的人們身上，但不論在台灣或是在世界上的其他地方，還是有許多正在以不同方式行善的個人或企業家，選擇默默的付出。有的企業家則是相信，若能將行善之舉融合在企業經營裡，使這份心意引發員工或是消費者的參與，不但是將行善所帶來的幸福與所有相關的人一同共享，更是擴大了這份幸福的價值與意義。

何為公益型企業？

三年前，順發在轉型為公益型企業時，承諾捐出二〇％淨利從事社會公益。這樣的主張既能幫助解決社會問題，也讓企業的社會責任，成為一種可以具體衡量的方式。站在消費者的角度上，公益型企業的特點，就是提供一種不需多花錢就能投入公益的管道，讓消費者在消費時，就能夠對資源分配失衡的問題，做出具體的行動。因為公益型企業在營運的同時，會以高百分比的捐款投入公益與社會福利的服務，因此消費者若能支持公益型企業，讓公益型企業的理念擴大，促使更多企業的加入，必能逐漸促使社會資源重新分配，成為一股解決日漸惡化的M型社會問題的力量。

當然，對於公益型企業而言，做公益的基本態度，首先就是必須要讓消費者完全地信任。因此公益型企業必得先對顧客實在，再談公益；且做公益不能有先賣貴再做公益的觀念，屏除一般消費者對於參與公益必須「額外再付費」的傳統觀念。這也表示，當消費者到公益型企業消費時，企業並不是提供消費者一個「額外拿錢出來」做公益的管道，而是企業本身就會拿出錢來替消費者做公益。

再來，做為公益型企業的前提，就是企業本身一定也是要賺錢的，沒有賺錢要談公益，不但沒有基礎也不切實際。一個企業要是連自己員工都無法妥善照顧的話，怎麼去談照顧企業外的人？企業都必須先穩固其對企業內部的責任，才能逐一向外推展，進而實現對社會的責任。公益型企業本身每年都必須維持良好的營運，並能受到廣大投資者的信賴，才不會使做公益淪為空談。因此，比起一般的企業，公益型企業更需要具備良好的公司治理能力，並讓財務透明化、捐款透明化，才可提高消費者、投資者及其他相關人士，對企業的誠信及專業程度的信任，也才能在社會大眾間建立公信力。畢竟，必須要先對其公司責任、品牌建立穩固的基礎，才能吸引更多的消費者，藉由消費達到對行善的熱忱。

此外，公益型企業最大的特點，就是提供消費者一個可以具體衡量企業社會責任的方式。

公益型企業的起源來自企業對於社會責任落實的重視，相信落實並標準化每一個企業對社會責任的投入與實踐，是解決現今資源過度集中於企業的最有效辦法。但因為每個企業的經營方式、方向，以及企業領導者的興趣、價值觀等的不同，每個企業可能會各有一套實現社會責任的方式，因此也加深企業社會責任的複雜性、甚至是抽象性，也阻礙一般消費者與民眾對企業社會責任的認知與鑑定的能力。但企業生存有賴於民眾的支持，對於企業社會責任風氣的推廣，消費者仍具有最大的潛在驅動力量，雖然在台灣已有具公信力的企業社會責任評比方式，但尚未提供消費者做簡單、清楚、立即性的比較，故無法推動以消費者為中心的企業社會責任評核。因此公益型企業將企業社會責任的投入，化為最簡單的「獲利百分比」，讓民眾能夠以最確實、清楚、簡單的衡量方式，檢視企業在社會回饋上所做的投入，讓消費者對於企業，也能有「能力越大、責任也越大」的評比指標。

這樣的概念，就如同環境意識商品界中所倡導的，在未來應將商品製造、使用時所產生的能源消耗標示在商品上，提供大眾明辨且支持有環境保護意識商品的方式。

此外，在貧富差距越來越嚴重的情況下，雖有越來越多的富豪承諾捐出大筆財產的案例，但公益型企業所提出的事先承諾與定期性捐款，卻能幫助非營利組織解決長期以來，所面臨的募款以及資金來源不穩定等問題，讓各非營利組織可以更專心於組織業務的執行上，也可以幫助非營利組織解決因為資金來源不穩定所導致的，計畫性發展停頓、資金使用不當或是財產囤積等問題。

是首創，還是國外有類似案例？

雖然坊間曾有過信用卡等公司，提供刷卡做公益的機制，曾提出將把刷卡金額的一％捐做規律性捐款的公益行銷手法，但事實上，信用卡公司在每一筆消費中所能獲得的利潤，大多低於消費金額的百分之一，因此能夠從獲利中回饋社會的公益款比例也相當有限。

國外也曾有過從企業盈利中，抽出事先承諾的比例做為捐款的案例，例如在一九六〇年左右美國的 Levi Strauss and Co. 便提出將二・五%的稅前收入捐為行善之用，Carlson Companies在一九七年左右也成立了「百分之五俱樂部」（現今名為Minnesota Keystone Club）❶，其捐款比率在當時企業捐款平均約一%的社會，算是相當罕見的。

此外，消費做公益在美國也還有其他的案例，例如美國的Tom's Shoes就將「買一雙，捐一雙」的理念做為他們營運的使命，凡是在店裡購買一雙鞋，鞋店就會捐一雙鞋給需要鞋的小孩。在消費的同時即可做公益的理念，與公益型企業的理念也有相似之處。在這些業者的做法中，都不需要消費者額外付費。

因此，將做公益的價值摻合於消費中的概念，雖不是公益型企業領先提出的理念，但公益型企業所提出的高捐款比例卻是前未所聞。過去更不曾有企業主張推動消費者建立「消費做公益」的觀念，並以此呼籲更多企業提高回饋社會的比例，來為社

❶ Marc Beniof and Carlye Adler(2006), "The Business of Changing the World: Twenty Great Leaders on Strategic Corporate Philanthropy," The McGraw-Hill Companies.

會財富重新分配、創造機會帶來更大的可能性。

從一般企業轉型為公益型企業的好處在於，當公益型企業所推行「不需要額外多花錢就能做公益」的概念，在消費大眾的口耳間傳開時，在產品內容、服務內容及價格都相同的情況下，「消費即是行善」的理念，將有機會使消費者在購買相同產品的過程中，產生更高的知覺價值。因為在消費的同時也能對社會有所貢獻，進而促使消費者增加購買的意願及願意轉換購買地點，屆時公益型企業也會因其名聲、可信度，吸引更多消費大眾的支持，讓企業更有永續經營的機會。公益型企業所要賦予消費者的附加價值，就是提供在消費的過程中協助改善社會的管道，在筆者的搜尋中也發現，公益型企業的機制，正符合仍在世界各地為佔領運動努力的佔領者們的訴求。

公益型企業的條件

也因如此，由順發企業所發起的「公益型企業」必須具備以下的條件：

一、為來到公益型企業購物的消費者，提供消費就是做公益的機制

二、保證「買貴退差價」，讓消費做公益不需要多花錢

三、至少捐出盈餘的二〇％，才能真的做到具有影響力的回饋

四、保證最起碼捐款，至少以每股稅後盈餘一元計算，以落實消費做公益的承諾

五、合法經營，財務公開、透明，讓企業經營具有公信力

為了確保公益型企業的落實，順發企業保證最起碼捐款，以每股稅後盈餘一元計算。此外為了對投資者負責，以防範萬一公司不夠賺錢，還是需要持續捐款，吳錦昌先生也承諾，萬一企業績效不高，每股稅後盈餘小於一元甚至虧錢，那麼他願意用個人的財產，以每股稅後盈餘一元為標準捐款。這種承諾也顯示了他對於自己所提出之公益型企業負責任的決心。若這種公益型企業的模式受到其他企業所採用，也必須要經過各企業之董事長與主要股東的通過與承諾。

為了確保所捐出的公益款能得到妥善的利用，公益型企業在與非營利組織或是公益團體合作時，也將仔細檢視其財務、組織架構等相關資訊，以及對於公益款使用的成效，以確保資源受到妥善的利用。但在其中也需要有專業人士與志工的投入，才能

保證消費者在到公益型企業消費時，能提供最終受惠人最大的幫助。

另外，一般人在接觸到公益型企業這個新名詞時，最常問的問題，就是「公益型企業」與最近越來越受重視的「社會企業」兩者間有何不同。

其中最大的差別，在於公益型企業不具進入門檻，但具有可複製性，其模式可被任何已在營運的企業所用。但社會企業則不然，因為社會企業是結合企業的經營方式加上非營利組織的使命，並以出資者不回收獲利，也就是讓百方之百盈餘重回服務社會的使命。但公益型企業可在企業不改變原有的經營模式，做出承諾捐款後即可轉型，並將公益的執行交給評比具有效能的非營利組織經營。這樣無論是企業的公益投入或是非營利組織的公益執行，各自都還是能夠秉持專業分工，避免面對跨領域經營時，在知識、技術與經驗上的障礙。

另外一個常被問到的問題就是，董事會面對轉型為公益型企業的態度及支持度。對此，吳錦昌先生表示，當下我們見到的貧富懸殊、失業率問題越來越嚴重，但並沒有看到明顯的改善跡象，尤其正當未來社會主力——也就是年輕一輩——成為社會發展的最大受害者時，人民意識提升，越來越將責任歸屬指向企業時，企業加強社會責任投入或是轉型公益，將會是未來的趨勢。

天下為公，可行嗎？

經濟與商業的發展與資本主義的發展息息相關。站在商業的角度，資本主義本身擁有鼓勵眾人激發潛力、朝自我所長之領域發展的特質。若我們在同一時間，可以將重視追求幸福的多元性，以及關懷他人、行善之心融入商業的行為中，便能改善資本主義中過於自我中心的缺點。而公益型企業的精神，正符合我們先前所提，「在努力之時，以不傷害他人」的原則為前提，並在幫助到更多人的時候，成就了更大的價值。

為了實現在生活上就能立即傳播、實現愛心的舉動，世界各地都有公益平台的建立，讓欲投入社會公益者，可以以更直接、更隨著自己信念、偏好的方式，去幫助他們所希望幫助到的一群人。藉此也引發社會大眾對於參與生活圈以外之事物的熱情，也讓我們重新體會到，其實每一個生命都可以發揮更大的社會影響力。在台灣的聯合勸募基金會或是Yahoo!奇摩所建立的公益平台等，都可以算是這一類的組織。

這類型的捐款平台雖然提供了方便的捐款方式，但其參與公益的模式仍屬傳統型態。針對將行善落實於生活的理念，星巴克在美國的連鎖分店，也曾經針對當時的金融危機以及失業問題，推行「照顧社區」的活動，讓所有購買咖啡消費者可以選擇多花五美元，幫助當地的中小企業重新振作❷。星巴克此項活動具有良善的意圖，不但能建立社區友善的形象，同時也讓關懷他人的信念在社區間擴展開來。可惜他們最大的消費族群，例如學生與上班族等，可能會認為自我能力有限，不見得會有餘力與意願多為他人投入。

《禮運・大同篇》開卷即提到：「大道之行也，天下為公。」在談及公益型企業時，吳錦昌先生總是會說，他喜歡將「天下為公」的「為」字，讀音從原本二聲，轉唸成動詞的四聲，意思是「天下都應為公眾的利益著想」。雖然這可能是過於理想主義的願景，但是我們不也都是在服務他人中，才會找到自我的最大價值嗎？在西方世界，諾貝爾經濟學獎得主沈恩曾說：「社會發展端賴自由，因自由包含了社會機會的公平，社會機會公平有助於經濟參與，並為社會帶來公共資源，這是一個理想世界的風景。」

公益型企業所能提供的最大價值，就是為社會上更多的人，帶來更公平、更自由的發展機會。當然，或許「天下為公」這個想法對每天仍為工作、生活、孕育與照顧下一代而擔憂的人來說，是如此地理想主義，但若能在日常生活的消費行為中，讓企業為民眾實行資源重新分配、讓企業利益使更多人受惠，在不改變步調與生活方式的前提下，每一個人都可以實現「天下為公」的理想。

企業經營本為消費導向，以服務消費者與社會為首要目標，這不也就是在實現天下為公的精神？

「賺錢不應該是我們經營的唯一目的，我們應當學會貢獻。」洛克斐洛認為，生命在最有意義之時，是當我們知道如何去達成想要的目標，並且在達成之後，懂得如何分享。就算我們了解分享的重要，也知道少了分享會使生命少了一份喜悅，但大多

❷ CBS Seattle, Starbucks to begin collecting donations to stimulate U.S. job growth, 2011/10/03

數的人仍不明白如何做到後者。當「喜悅照亮了我們身旁的人，它自然也會回到我們身上；而當它的燭光越亮，我們也就更容易再照亮自己。」天下為公的精神，並不代表要讓他人來享受自己努力的成果，而是懂得如何分享自己的成果，使它為更多人產生更大的價值。若我們每一個人都願意更積極地，朝利己又利人的方向前進，當我們的努力在社會上開花結果後，那份果實一定會加倍地回到我們身上。

公益鏈三環

當然，對於解決M型社會的願景，光有順發企業轉型為公益企業，所能產生的力量絕對是微不足道的。因此在構思公益型企業的同時，吳錦昌先生又想，順發帶頭轉型公益也只是第一步，就算能夠感動更多企業投入，使社會上有更多企業願意提供更多資源回饋社會，這些資源也需要有正確的流向，才能為社會提供實質的幫助。對於行善的長遠計畫，要如何才能在企業、非營利組織與消費者之間，發展出一套良性的循環？

吳錦昌先生因此想到，現代企業可以達到高工作效率的原因，最主要是因為「供應鏈」與專業分工機制的發展與運用。當公益型企業思考著如何讓社會上的公益執行更具有效率的方式，從「供應鏈」中所延伸出來的「公益鏈」因而產生。公益鏈的構成，分為開源、執行與統籌分配三個環節。

具有財務管理透明化與公信力的公益型企業，擔任的不但是第一環公益款之「開源」角色。因其規律化的捐款，當公益型企業的營利提高時，用以回饋於社會的公益款也會相對提高。雖公益型企業並非為社會公益開源的唯一方式，但經由事先承諾的捐款百分比，公益型企業提供民眾一種最簡單、清楚的方式，了解公益型企業在社會回饋上所做的投入，也讓消費者能夠依企業大小以及其所回饋內容，有實際衡量的依據。唯有受惠於社會資源越多的企業，在回饋社會上做了夠多的投入，才能讓現今貧富懸殊的經濟問題有獲得改善的機會。

做為開源角色的公益型企業，有責任保持與公益鏈上的第二環——執行——的非營利團體或公益團體間的資訊交流，並使資訊透明，以便於外界檢視公益款的流向

公益鏈之思考

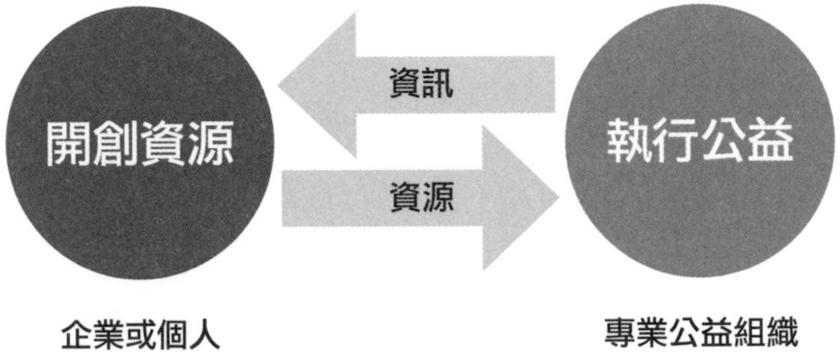

以及成效。在公益鏈中的執行組織，除了首先要為組織所執行之業務立下明確的宗旨，更必須以財務透明、執行績效，來爭取開源單位所提供的資源，藉此讓對社會無實質幫助、財務不透明、行政與業務開銷的認定模糊，以及開銷無法達到最高成效的非營利組織，自然地受到淘汰。以上的圖表顯示了開源角色與執行單位兩者間的關係。

基於開源與執行兩環節間的收受關係，在未來的方向中，公益鏈的架構便延伸出第三環「統籌分配」的監督機制。由統籌分配所發展出稽核績效的能力，與監督、節流功能，可使公益型企業所開發出的公益資源，受到更妥善的利用與分配。

此環節一方面審查並改善執行單位財務不透明、實際資源使用於執行公益的比率偏低情況；另一方面也可避免來自社會的公益款，大多只流向少數知名組織等問題。此外，統籌分配架構應分為金流與資訊流兩部分。將金流與資訊流分開，最重要的原因就是能夠降低風險，減少組織對金額不適當的利用。金流應藉由特定金融單位管理，讓財務與執行兩部門能夠獨立運作，而資訊流的部份則可藉由董事會的成立，讓執行單位在受款時受到更嚴謹的督導。如此才有可能使執行單位以績效與能力爭取資源，並讓成本合理、成效最高者取得執行權力，也能使公益款更廣泛地流向社會所需之處。

不管是二〇一一年所發生的茉莉花事件，或是後來的佔領運動，都表現了現代社群網路的傳播力、影響力與凝結力，能在短時間內激起並結合大眾的力量。在二〇〇七年所成立的Avaaz，其宗旨也在藉由網路表達來自世界的各種聲音與需求，以解決人們對於理想世界的期望與現今世界之間的問題，拉近兩者間的距離，所帶來的影響也受到重視。

下列圖表則呈現完整的公益鏈三環架構——由公益型企業所扮演的「開創資

公益鏈之設計概念

源」、非營利組織或公益團體所擔任的「執行公益」與「統籌分配」三方所組成。其簡單的概念與方法，鼓勵任何具有行善之心以及理念相同的企業、商家甚至個人的參與。當消費者對於公益鏈的架構，有了一定的了解與認同後，期望他們能對公益型企業有更大的支持，進而促使更多企業的加入；而藉由統籌分配角色，強化非營利組織對社會所產生的影響力，為社會行善帶來更大的力量。當每一個環節都能共同投入、為提升社會幸福而努力，即會產生一股「公益流」的良性循環。在風氣被帶動下，再回頭過來看首創的公益型企業，即便只是第一滴雨，但期望能為社會帶來「普降甘霖、滋潤大地」的效果。

在傳統的方式中，公益團體或是非營利組織所募得的慈善款中，每一元通常都只能被一次性地用於問題解決，無法藉由一元的使用，再產生另一個一元。但在公益鏈的架構中，當消費者至公益型企業消費，為公益型企業帶來獲利機會，公益型企業再依比例回饋社會，幫助社會發展。如此無限性的循環價值，正是公益鏈架構與一般慈善捐款間最大的差異，使得樂於照顧社會的企業，以及績效優良的非營利組織，都能在社會上獲得永續的經營。

在公益鏈的架構裡，還帶有公益賽局、行銷公益以及消費民主三項機制。這三項機制也可說是，對傳統企業社會責任的態度、非營利組織的營運方式，以及企業與非營利組織的合作模式提出質疑與挑戰；同時也要喚醒消費者對企業社會責任的認知，以及兩者間新的關係。藉由公益鏈的推動，更有可能藉由下列環節，促使社會大眾在公益上有更多的投入與更好的發展。

此外，吳錦昌先生更相信，在未來，公益鏈架構中的這三項概念，會受到更多的重視，讓公益的投入更有成效。

一、公益賽局

在過去不同的年代裡，各個國家都曾憑藉著不同的精神，締造出領先的企業成績，例如日本所要求的團隊精神、德國人的品質保證等，而美國對於創新精神的信仰，在賈伯斯的風潮下，為世界帶來了很大的影響。我在美居住期間，就已深深地感受到，美國社會鼓勵對於舊有智慧提出質疑、發現，提出嶄新的詮釋與勇於嘗試等精神，創新的教育與啟發，深植於他們的思考模式中。

因為創新能夠區分出市場上的領導者與跟隨者，因為創新是因應外在持續變化的市場、提升競爭力的最好方式，大部分的企業都相當重視創新，但創新也不只是一味地標新立異或憑空生有。創新的靈感，應該來自於針對某種問題、提供某種服務時，帶給大眾所未能想像的答案或解決方式，但在追求創新之前，無論是在個人目標、理想追求，或是企業組織的營運，第一步應該是要先把目標放在求好，也就是具備一股不斷對現有作法提出改善，以及追求進步的動力與毅力。

只有在有能力求好之時，求新、求變才有意義。讓自己在激烈的競爭下，還能脫穎而出，不被慣性——也就是成長的敵人——所套牢。

安德烈・卡內基的另一句名言是這樣說的：「賽局理論對於某些單位而言，可能會顯得無情，但是對整體的發展卻是最有利的，因為它確保只有最適合者，才能在每一個部門中生存。」競爭的結果會使我們檢討作法，也藉此不斷地提升自我。當我們發現自己不是某一方面的贏家時，就會朝向其他方向發展，因而創造多樣性與獨特性。

當賽局競爭的原理被運用在公益鏈時，公益鏈也必須重視如同在供應鏈中的競爭與合作關係。在賽局理論中，公益鏈的成員只有擁有最好執行成效者可以被留下，不適合者將受到淘汰，唯有具有良好執行成效、值得受到信賴的非營利組織，才有可能在公益賽局中勝出，取得更多開源者規律性的資源。在過去，非營利組織大多是被動式地仰賴捐款，但在公益鏈的角色上，非營利組織必須以更積極的態度，爭取開源企業所提供的公益款，因而勢必得有更好的管理效能，以提高其業務執行的成效。對於公益型企業而言，民眾也可藉由百分比或是其他具體的衡量方式，去支持在同筆消費

公益賽局

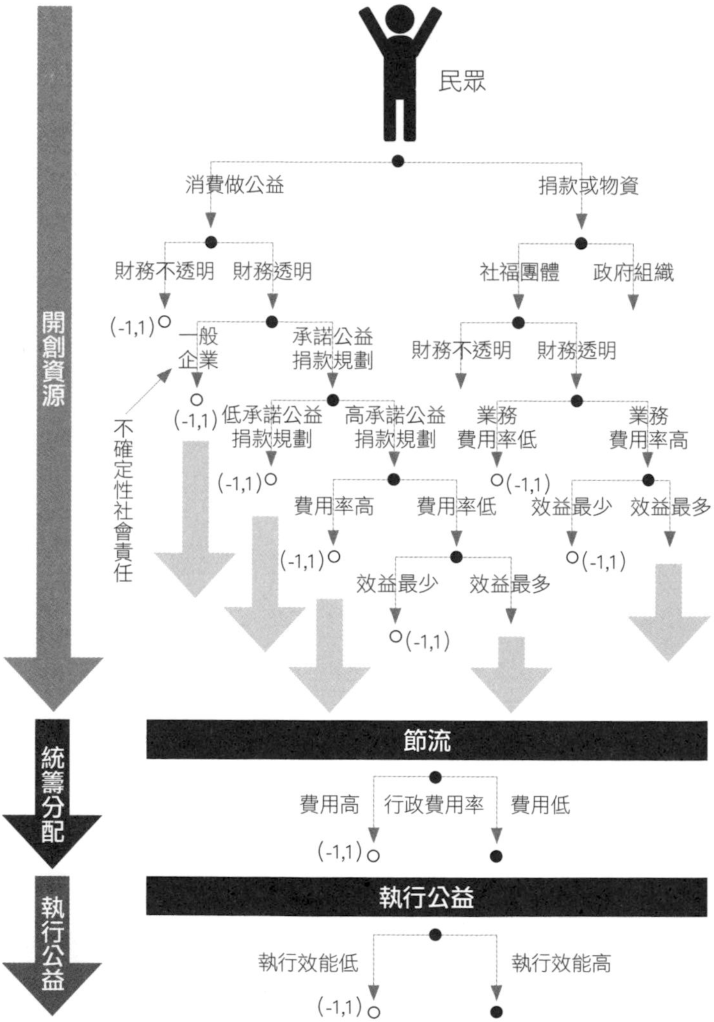
民眾
消費做公益
捐款或物資
財務不透明
財務透明
社福團體
政府組織
(-1,1)
一般企業
承諾公益捐款規劃
財務不透明
財務透明
不確定性社會責任
(-1,1)
低承諾公益捐款規劃
高承諾公益捐款規劃
業務費用率低
業務費用率高
(-1,1)
(-1,1)
費用率高
費用率低
效益最少
效益最多
(-1,1)
(-1,1)
效益最少
效益最多
(-1,1)
開創資源
統籌分配
執行公益
節流
費用高
行政費用率
費用低
(-1,1)
執行公益
執行效能低
執行效能高
(-1,1)

中對於服務、回饋社會有較多貢獻的企業，以此促使企業為奉獻與回饋社會而努力。

藉由賽局的方式，有更多檢討、改進與提升自我的機會，並從其中找出最能提出具體成效的方法。公益鏈當中的每個單位，會因為公益鏈的專業分工以及良性競爭，讓公益的執行更加有成效，促使每一個環節不斷求好、求新、求變，因而獲得持續進步的動力與能量。甚至，對企業來說相當重要的創新觀念，也可能被用於非營利組織中，帶動在社會服務中的創新風氣，為非營利組織的執行成效帶來更大的成果。

社會創新，難道不就是一個尚未受到夠多關注，但卻迫切需要開發的領域嗎？

二、行銷公益還是公益行銷？

有一些表面上宣揚積極投入社會公益的企業，事實上，不過僅僅是在實踐企業社會責任中的法律規定或市場規範；或者更糟的是，有些單位所宣稱的公益投入是掛羊頭賣狗肉，以公益之名博取社會好感，但卻沒有執行公益之實。此外，也有許多營利單位，將公益理念注入於行銷手法中。他們以為，為顧客創造更大的滿足感，讓企業更具吸引力、讓企業更茁壯、更賺錢這種手法即為「公益行銷」。

當我們在討論企業社會責任時，公益行銷的做法在這幾年雖然被大家所認同、接受，但它事實上並無法改善資本主義的發展，所帶來的資源分配失衡之弊端。

有別於以公益做為行銷手法的企業，公益型企業的成立，所提供的「不用多花錢，消費即可做公益」的管道，將公益參與的行動，便捷地加在民眾原本的消費行為上，其重點並不只是在企業的獲利，而是在大眾參與公益這項舉動上。當消費做公益的機制受到消費者的支持，並使消費者產生對公益型企業的偏好，其目的是讓更多企業願意投入做公益，這種則稱為「行銷公益」。

以最簡單的方式來說，「公益行銷」的重點在於行銷，而「行銷公益」的重點則在於公益，到底何者對社會比較有利，應該是顯而易見的。多數實行「公益行銷」的營利組織，藉由各種公益或社會服務的行銷，不但可達成營利組織差異化，在同類組織競爭時可建立進入障礙，使其他企業無法複製，其目的是在競爭中勝出。

但以「行銷公益」為目標的公益型企業，不但不具有進入障礙，且公益鏈的機制設計，本來就是期望在消費者的支持下，有更多企業的跟進，此行銷的焦點當然是公益本身。在理想上，公益型企業在公益鏈中的競爭，也會從差異化轉為對社會奉獻程度的競爭。讓消費者選擇支持對社會更有幫助的企業，進一步促使企業更積極地去尋找為社會提供更多公益資源的方法。一旦行銷公益的力量形成，相信投入公益的力量將會不斷地增強，而公益型企業所具備的可複製性，更會讓公益型企業更容易在社會上傳開。

對於能力不足以獨立執行社會回饋的中、小型企業，藉由轉型公益型企業、以營利百分比的方式投入公益，因符合「依能力執行社會回饋」的原則，就算沒有投入大筆的資源，同樣可以獲得消費者的支持。

萬物以自我為中心，要使企業自發性地從原本的公益行銷轉為行銷公益，必須藉由消費者的力量才有可能促成。

三、消費民主

就算企業將服務社會做為經營的重心——如同企業協助改善公平交易、致力環境保護、消滅貧窮等社會問題，做為企業經營時的考量一樣——這樣的方向其實也需要企業家的巧思與長時間的投資、計畫，更需有適當的機會，並非一蹴可幾。

另一方面，就算企業捐款風氣逐漸提升，有能力大筆捐款的慈善企業家仍然只佔少數，而他們所能投入的力量，與解決社會問題所需要的資源相比，還是有很大的差距。

公益型企業的機制，能促使企業將更多的資源投入公益，但若這種機制無法在企業間傳遞開來，公益鏈的「開源」部份，仍舊無法提供足夠的資源，對於公益鏈預期的成效，也會如同巧婦難為無米之炊。在此，消費者的支持所扮演的，就是最關鍵性的角色。

回顧紐約佔領華爾街所提出的主張：經濟應該有更多的民主性、公平性，社會也需要有方法使資源獲得重新分配等。公益型企業所提供的「消費民主」概念，就是一種能夠回應這些訴求的機會。民主政治的普及到現在也還不到三百年，卻是大家習以為常的觀念，但在民主政治普及之前，有多少人會想到這是一件可能的事？實現之後，它又為我們帶來了多少的幸福與自由？民主政治的觀念也可用於商業活動，造成一股足以使消費者改變企業經營方向的力量。

事實上，若將政治與商業的民主相比，就算不喜歡政治選舉的結果，在少數服從多數下的原則下，我們還是必須接受[3]；但若不喜歡某商家提供的服務，消費者大可以到其他商家去消費。也就是說，政治決策很多時候都必須服從多數，但市場在滿足多數消費者時，也有可能滿足少數者的需求。消費的選擇與行為，是我們每一天都會進行好幾次的活動，商業的行為提供給消費者的，可說是更大的民主空間。

縱使在民主社會中，政府的目的也是希望能讓最多的人民獲得最大的幸福，但各

❸《世界，沒你想的那麼糟》，麥特．瑞德里著，李隆生、張逸安譯，聯經出版，105頁。

國政府在受到企業國際化的影響下，已無法再給予企業有效的規範，以拉近企業獲利與一般老百姓所得間的差距。在資本主義、功利主義的驅動下，縱使社會已認知貧富差距惡化對誰都不會有好處，但若以過於強制的方式，逼迫社會金字塔上的頂端族群都捐出私有財產，卻也有違民主社會自由的本質。另一方面，站在企業的角度來看，在面臨競爭的壓力下，對於造成社會資源分配不均的問題，企業也無法為了彌平不均，而放棄以競爭生存為前提。但企業的營運最終還是要仰賴消費者，做為消費者的民眾，自然有潛在、可逆轉惡性循環的力量。

在我們所習慣的政治民主中，人民是頭家，如果政治人物表現不佳會漸漸被淘汰，人民對其所獲得的施政感受，用選票決定當選人。由公益型企業所提倡的消費民主，就是將政治民主的概念轉移到消費行為上，讓社會大眾比照政治選舉投票的方式，經過比較，用消費行動支持對社會較有貢獻的企業，此舉即為消費民主。

在民主社會中，每一個人都有義務確保民主的落實，民主社會是人民共有的理想。民主的走向仰賴人民的參與，因此人民的參與性、自主性的養成，是民主社會發展的重要力量。企業當然可從創造消費需求獲得商機，但最終，消費者的偏好仍是影響企業商品走向最重要的關鍵，大部分民眾卻忽視了這份來自消費者的力量。同樣的消費選擇的影響力也呈現在零售端。在面對與大眾生活息息相關的M型社會問題時，消費者向回饋社會較大的企業購買商品，透過消費者偏好，逆轉過多資源集中、囤積於少數企業的現況，減緩貧富懸殊惡化的現象，幫助改善更多的社會問題。

當有愈多民眾支持公益型企業的理念，也就會有更多的企業轉型成為公益型企業，再透過公益鏈中統籌分配角色的協助、監督，企業所投入資源將可以注入到更多需要關注的議題。因此，透過消費者的驅動，將促使公益型企業逐步增多，從一個行業傳播到另一個行業，引起公益型企業的蝴蝶效應，累積巨大的能量，甚至從台灣擴大到其他國家。

五年三千億的宏觀

近幾年來，台灣也吹起了企業主承諾大筆捐款的風氣，但大部分的承諾捐款不但尚未實現，而且就算實現了捐款，由於其任意、不定期的特性，終究無法成為社會公益的穩定性力量。

從美國電子刊物《慈善紀事》（Chronicle of Philanthropy）針對美國各大企業投入社會回饋、社會慈善的調查發現，就算是美國排名前二十名的企業，其捐款的比例也鮮少超過五%到一〇%。更令人吃驚的是，在美國二〇一一年排行幾大賺錢的企業，諸如谷歌、亞馬遜、蘋果等公司，都未對社會有回報性的實體貢獻❹，這調查數據突顯了，企業在發展蓬勃時不夠重視社會回饋的問題。而且現今企業社會責任規範所涵蓋的層面，也沒有對這種間接造成資源分配失衡、貧富差距拉大，甚至失業率攀升現象的源頭，提出制衡的辦法。

就算企業領導者捐獻出大筆善款，其源頭也是來自於企業，若將捐款與企業獲利相較，這一筆筆捐款的金額，也就沒有表面上如此驚人。

當我們這樣的一般消費大眾，漠視大企業除了銷售產品之外，缺乏與社會良善互動，我們的漠視也算是助長擴大貧富差距的一份子。當我們面對貧富懸殊、資源分配不充足、失業率攀升、年輕人沒有合適的舞台……，難道我們還要持續以漠視，縱容情況繼續惡化下去？當我們參與或放棄改變的權力，我們也沒有權力說自己也是受害者了。

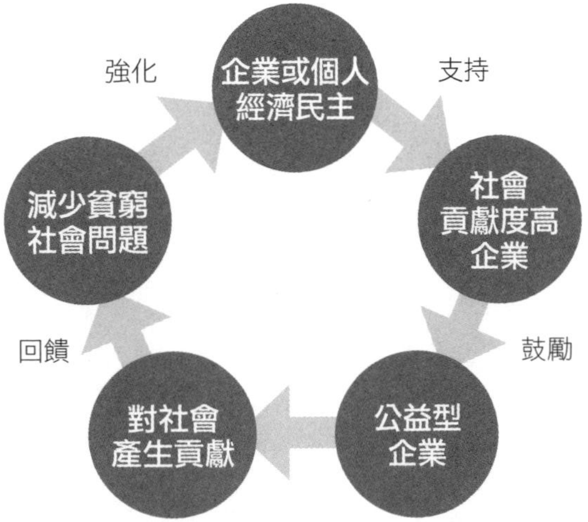

上面的圖表顯示出公益型企業在社會、消費者與解決社會問題間，所帶出的良性循環：

究竟，當企業資源回饋社會的風氣形成，能對社會造成多大的影響？以公益型企業為例，若能藉由消費者的力量，驅策更多企業轉為公益型企業，並皆提撥公益型企業二〇％的淨利投入社會公益，將產生多大的實質影響力？

❹《慈善紀事》在二〇一〇年八月的報導中表示，美國谷歌、亞馬遜、蘋果等企業不願回應其企業慈善調查，從所收集到的回應中，在二〇〇八年企業投入慈善的比率約為獲利一．二％（http://philanthropy.com/article/Big-Companies-Hold-Steady-in/123792/）。

下表是二〇一一年台灣地區營利事業所得稅收入的統計，只要其中二〇%的企業轉型公益，依財政部推估的企業稅後淨利來計算，將會為社會帶來六百七十二億的公益基金，遠大於現有捐款的公益資源。若其中轉型的二〇%企業都是獲利良好的大企業，其收入與淨利高於平均值，則所得累積的公益款當然又不僅於此了。

在二〇一一年底，潤泰集團總裁尹衍樑聲明，將其個人財產的九十五%用來做

以台灣地區營利事業所得，估計公益基金

資料來源：財政部(2011)營業稅收統計年報

	2006	2007	2008	2009	2010
營業稅總額	334,330	347,526	445,244	334,162	285,701
推估稅後淨利	1,337,320	1,390,105	1,780,979	1,336,650	1,680,594

參與企業	1%	10%	20%
捐款比率	20%	20%	20%
公益基金	33.6億	336億	672億

台灣每年捐款總額約672億元，
將遠超過現有總體公益資源。

公益，總額共計九百五十億元，堪稱為台灣捐款的最高金額。但若若能有二〇%的企業轉型為公益企業，不到兩年的時間，就能帶出高於一千億的公益基金，而且只要消費者支持，這股力量將會繼續蔓延、成長。光是在台灣，五年內可以帶動將近三千億的公益金，若能將這波力量延展至全世界，將激盪起的影響力實在不容小覷。從宏觀反向看下來，第一家公益型企業所提供的捐款金額貢獻，其實又小又微不足道。但要達到足以產生改變的力量，需要第一家、第二家、……愈來愈多企業的參與，而這一份力量，只有透過消費者對消費民主的認知、支持與參與，才得以完成。

從預估可能累積出的高額公益款數字，足以說明公益鏈與一般慈善與公益募款的最大差異。大部份的公益團體在募款時，所提倡的是「一塊錢不嫌少、小額捐款也能聚沙成塔」的信念，但在公益鏈的架構中，除了我們自己的愛心之外，我們能夠激發更多更有能力、更有影響力的人與團體去執行。

資本主義發展至今，不論是來自社會、經濟或是商學院的學者們，都在尋找停止資本主義所導致的貧富差距惡化的方法。麥可．波特在《哈佛商業週刊》中也曾強調，注意到社會所需、並重視社會健全發展的良善企業，絕對是接下來企業發展的重心與潮流。但目前在企業圈內，卻也極度需要一份足以帶領企業朝此方向發展的藍圖。而公益鏈的機制，在企業、非營利組織以及消費者三者的有效配合下，便可為社會提供一份明確的藍圖，得以讓接下來的經濟發展與企業競爭，都能朝著對社會發展更有利的方向前進。

社會上的消費者自主風氣越來越強了，透過網路的傳播，使公益平台的建立能讓更多人參與，也就更有可能滿足各種社會需求。當企業轉型公益的風氣盛起，能夠開發出如此可觀的資源，是不是因此能使更多服務社會的構想與理想都能實現？

本章小結

◎公益型企業的成立目的：
- ▼面對日漸惡化的M型社會問題，企業提出的變異
- ▼提供資源重新分配的管道
- ▼讓行善在消費上成為一種附加的價值
- ▼讓員工與公益型企業的相關人士在工作上得到更大的心靈滿足

◎公益型企業的條件有：
- ▼提供消費做公益的機制
- ▼買貴退差價
- ▼捐出盈餘的二〇％
- ▼保證每股稅後盈餘一元的最低捐款
- ▼合法經營，財務公開、透明

◎公益鏈三環分為：

▼開源

▼節流：統籌分配

▼執行公益

◎公益鏈的三個觀念：

▼行銷公益：促使更多企業投入公益

▼公益賽局：讓企業與公益組織都朝向社會公益最大化邁進

▼消費民主：消費者選擇公益型企業，促使更多企業轉型公益

◎公益鏈可提供：

▼確實衡量企業社會責任執行成效

▼非營利組織可獲得穩定資金專心執行公益

▼五年三千億的宏觀

◎以行動，支持公益型企業，並使其擴散。

◎我們每一個人可以在公益鏈上，扮演什麼樣的角色？

本章結語

平凡中的不平凡

在個人決策上，一般人都希望能夠擁有來自專家的可靠資訊，並且有效地將這些資訊轉化為做決定的依據。也就是說，當一個人無法自行在特定領域做出判斷時，就容易聽從「專家」的意見。但從許多實例上發現，要是我們過於盲目地相信他人，缺乏獨立思考的精神，反而可能會喪失更顛覆性的激盪，喪失了從合作中以及集體智慧中所能產生的正確與創意性。也因為如此，在面對日漸惡化的M型社會問題時，吳錦昌先生決定以獨創性的觀點，提出解決這項問題的方法，並期望號召更多來自各界的力量，共同來成就這個理想。

自從轉型成為公益型企業後的三年裡，順發企業的員工經常面臨消費者詢問：「順發與其把淨利拿來做公益，何不直接把公益款回饋給消費者？」

經過實際統計後發現，順發企業的二〇％淨利捐款金額，回推至每一筆交易平均為七元左右。這樣的金額在每一筆消費中，就算直接回扣消費金額，消費者也很難

「有感」，但長期集中累積卻能形成一比龐大的公益款。再加上當「消費做公益」的意識在企業與消費者間擴散開來，公益款累積有可能會形成改變社會的巨大力量。

此外另有一個調查結果頗值得深思。在順發企業轉型前，有高達八十%的消費者表示會因此更加支持公益企業，但在順發企業轉型後，消費者實際付諸行動的比率，與之前的調查有明顯落差。順發企業大力推廣公益型企業，真誠地出自服務與回饋社會之心，但巧婦難為無米之炊，在缺乏消費者行動的支持下，像順發這樣的公益型企業很難號召其他企業加入，共同擴展公益資源投入的可能。

追求幸福，就好像是在任何領域追求成功一樣，行動才是成就事情的首要力量。當我們看見這個理念所帶來的美意時，更要以行動去支持，唯有行動才能帶來改變，當我們希望看到這個世界有所改變，自己也應該要成為改變力量的一份子。

向來秉持為消費者提供最實惠與便利的服務，在低獲利、高競爭的3C產業裡，順發企業的獲利與同行相比並不算高，但其公益型企業的理念卻是平凡企業所表現的不平凡，就算沒有辦法如期看到消費者行動的支持，仍舊繼續堅持下去。順發企業為社會的付出，以及吳錦昌董事長所展現的氣度與宏觀，相信在一路上已經感動越來越多的人。

第五章
造反有理、幸福社會

只要有想像力與勇於實踐的毅力，
我相信，每一個人都可以在社會上，
發揮更大的影響力。

對弱勢兒童的關懷

全球二十億人生活赤貧，聯合國世界糧食計劃署（WFP）報告全球十二億挨餓人口有三成是兒童，亞洲有三億五千萬的兒童靠乞討維生，四千萬名因家計貧困沒上過學校。雖然說在有限的人生裡，每一個人都應該要傾聽自己的心、追求自己的夢想，但是有多少人因為出生的背景、生長環境或是其他非自我能力可以控制的因素，而無法如願地發揮所長，失去追求夢想的機會也失去獲得幸福人生的可能？

當三十出頭歲的指揮家杜達美（Gustavo Dudamel）帶著委內瑞拉的西蒙布利瓦青年管絃樂團（Simon Bolivar Youth Orchestra of Venezuel）揚名全球之時，他提供給這些小孩的並不只是一個中途之家，在這貧富不均、社會問題嚴重環境下，他的幫助，更是給予了這些小孩追求夢想的希望。紐約的布朗克斯區（The Bronx），算是紐約比較不富有的區域。為了讓小孩子們在課後可以有正向的休閒活動，有來自政府、企業與民間的單位投入的輔導資金，讓小孩們在課後可以學習音樂的課程，我就曾在這樣的音樂中心任教。

其實在世界各地許多地方，不論是政府、企業或是民間，都會運用像布朗克斯區這樣的方式，在資源比較貧瘠的地區，對藝術做出更多的投入，希望讓孩子們因此有更正當發揮才華、想像力與創造力的空間，減低他們課後受到壞影響而誤入歧途的機會。

二〇一一年冬季，我受邀參與由原聲教育協會所舉辦的，原住民小朋友CD義賣記者會。原聲教育協會致力於原住民兒童的輔導教學，並以低收入戶及失能家庭的子女為主，他們的教育採取菁英制，因為他們相信，訓練出來的精英在未來將會把最大的貢獻帶回他們的部落。除了閱讀、數理以及英文的課程以外，教育協會更重視藝術人文教育，藉由合唱團的成立，使孩子們的聲音能被聽見，能讓社會人心結合，更能為他們培育出真誠的態度與作夢的能力。

在那天的記者會上，他們先播放了原住民小朋友在週末參加課後輔導的影片，所有參加記者會的人都看見，因為距離遙遠、交通不便或是天災颱風，孩子去上學不但不易還需要很多的毅力。之後，原住民小朋友合唱團唱了兩首拿手的歌。聽著他們純樸的聲音，用只有在台灣才能找得到的語言，唱著從高山上傳來的曲調，當時我心裡所受到的感動，與聆聽一首貝多芬交響曲一般，毫不遜色。

開發出在全世界最具影響力，並在美國被視為小提琴教育法革命的教育家鈴木鎮一曾說：「一棵具備成長到三十公尺高可能性的橡樹，要真的長到三十公尺其實非常困難，一般大約只能長到十二至十五公尺左右，如果環境不好，還只能長到六至九公尺，若能受到好的施肥或照料，則有可能長到十八至二十一公尺。」❶

同樣的道理，若人生俱來有一百分的潛力，在環境貧瘠或是沒有適當充足的機會，能夠發展的潛力的實在有限。往往弱勢兒童教育的投入者皆相信，出身弱勢家庭的孩童在成長時受到漠視，長大成人後，將更有可能繼續成為缺乏競爭力的一群；競爭力的缺乏又會讓他們繼續停留在弱勢的族群中，惡性循環因此不斷延續下去。因而，雖然，表面上看起來，對於弱勢兒童教育的投資較大，養成期也相對較長，但卻是最有必要且最具價值的。

正視弱勢團體在社會上的地位，並提供他們需要的幫助，使得他們可以獲得公平競爭、追逐夢想的機會，因為這樣的想法，使弱勢團體成為公益型企業與非公益型企

❶《鈴木鎮一教育法》（2011），鈴木鎮一著，晨曦譯，紅橘子文化出版。

業的重視，並將弱勢兒童的輔助教學做為首選的原因。孩童沒有選擇父母的權力，一旦出生於貧困家庭、成長於貧瘠的環境，甚至被不良環境影響身體、心靈以及未來發展，這樣的孩童是社會上最無辜的一群。每一個孩童在成長學習期間，無論在天賦或心智的開發，甚至行為與價值觀的養成，都是寶貴且無可取代的時光。若孩童在這一段時間內能受到正向、良好的教育，就算出身貧窮，待他長大後，自然也會盡一己之力改善家庭生活。

順發企業的公益成果

身為世界展望會的親善大使、韓國女星金惠子曾在為饑童募款的演講中說道：「如果你是雨，你願意下在哪裡？雨啊，請你到非洲！如果我是雨，我要去沒有水的地方。如果我是衣服，我會先去找光著身子的孩子。如果我是糧食，我會先去找挨著餓的人。」

當乾旱的大地需要雨的時候，總要有第一滴雨。順發企業將自己視為公益型企業的第一滴雨，自二〇〇九年轉型後，便決定將這一滴雨落在弱勢兒童的教育輔導上。至二〇一一年底，它已帶動了八百六十萬人次藉由消費，一同幫助弱勢兒童，讓他們的消費被賦予了更深的意義，落實了「每一筆消費，都成為弱勢孩童的一樣禮物，一個脫貧的希望；每一筆消費，都可以溫暖社會」的理念。除了著重在弱勢兒童的教育上，首創之公益型企業也提供弱勢兒童的生活照顧，提供弱勢孩童愛心助學金，並鼓勵每一個孩童都有更多向上的決心與毅力，讓他們都能相信，改變命運的力量就握在自己的手裡。下表呈現了順發公益型企業消費做公益的成果。

截至101年10月，順發帶動**1,230萬人次消費做公益**

捐贈對象	目的	捐贈金額	成效
博幼基金會	弱勢學童 課業輔導	8,268萬	受益人數由1,474人成長為2,602人， 順發挹助後快速增加**1,128人**
國小愛心獎學金 學校教育儲蓄專戶	弱勢兒童 生活照護	918萬	捐助極需救助的學童， 補助1,561位學生
南方文教基金會	生命教育 生活教育	521萬	以生命教育方式引導學童對生命意義的了解；提供全高雄市國小學童成長桌墊以推廣生活教育，合計約165,000人受益。
其他	弱勢兒童 生活照護	68萬	
合計		9,775萬	

就像我們先前提過的，公益型企業所跨出的只是創造社會幸福的第一步，希望藉由公益鏈的推動、消費民主的驅使，感染更多人朝著為社會創造更大幸福的目標邁進。

超越自身的幸福

我聽說過一則故事：曾經有一個人問一位牧師，你有沒有辦法站在一隻腳上，然後把聖經上的文字全部複頌一遍？那位牧師回答他：「That is the hateful to you do not do to your neighbor.」因為聖經裡的其他教誨，都需要以這條黃金定律作為準則。在東方哲學中，所謂「己所不欲，勿施於人」，也算是倫語裡最重要的精神，證明了相同的道理在不同國家與宗教信仰下一樣是相通的。

但我相信，到今天，在技術、科技、資訊傳播等種種技術大為進步的情況下，我們每一個人對自己，都應該有更深一步的期許。不只將目標與理想訂在不傷害他人的原則，還要能夠為別人、為更多人帶來幸福與價值。朝向這個目標走，我們是不是也就都能為我們的生命，帶來更多的價值與意義？或許我生長的時代與過去世代不同了，但長輩曾經告訴我，先總統蔣中正先生說過：「生活的目的，在增進人類全體之生活；生命的意義，在創造宇宙繼起之生命」，不也在提醒我們，生命的宗旨應該是在造就他人？

每一個人都是獨特的，打從出生那一刻開始，我們就被賦予了對不同事務有不一樣的感受力與接受力。之後在外在世界不斷刺激之下，逐漸影響與建立起我們的偏好與選擇，讓我們每一個人走上自己的路，打造起屬於自己的幸福藍圖，並將時間、精神與心力，投入於追求幸福。聖經中的寓言告訴我們，幸福是沒有辦法直接取得的，只有當我們尋找超過幸福本身的目的時，才有可能會找到幸福。雖然追求幸福可說是每一個人的人生目標，但是若只將幸福詮釋為享受快樂，並將此定義做為行事的原則，我們將很容易被誤導到離幸福越來越遠的方向。物質上的享受、心靈上的滿足、短期目標的達成，雖然都能讓我們感受到暫時性的快樂，但真正的幸福，卻是我們要花更多的時間去經營，也是我們能花上一生的時間，不斷地去尋找的。

因此，在追求幸福之時，我們也需要有明辨是非的正義觀，而道德的培養與提升則與這份能力相輔相成。當我們只是一味地去尋找快樂，而忽視了正義與道德的存在，我們反而會迷失在前往幸福的道路上。行善的投入以及對於企業社會責任的態度，反映出企業的道德觀以及對社會的正義感，公益型企業則是將這兩者在企業經營的第一位。

勇氣、熱情與堅持都是成功者所必備的條件。但若僅將成功與打敗對手的勝利畫上等號，不僅狹隘了成功者的胸襟，也狹隘了生命的視野。在商場上，當競爭的最終目標只鎖定於金錢時，容易使人們走向爭執、仇恨與貪婪，難怪這個社會會造就了這麼多人的不幸福，會讓我們想要開始造反。如果我們能將目標放在超越個人利益，使每一個人在為幸福而努力之時，也能為別人的生命帶來進步，就有可能改善過去因競爭而犧牲他人的幸福、犧牲未來所造成的結果。

造反有理

在追求物質或是享受名牌時，會有一種幸福感，但卻不一定是真實的幸福，而且這種幸福感無法長久持續。一旦短暫的幸福結束了，勢必要追尋下一次、甚至需要更昂貴的物質與名牌，才能獲得同等的滿足感。對物質幸福無止境的追尋，不但可能無盡地耗費資源，製造出這麼多的「物品」難道真的都是我們所需要的嗎？這不也是一種社會資源的浪費？

若少數企業佔據市場，是經濟分配不均問題的起源之一，那麼，你在消費特定品牌時，是否想到自己正在助長大型企業不斷擴張。企業、政府與民眾的關係環環相扣，民眾受到的委屈若是期望政府單方面做出有效回應並提出具體改善，自然是無稽之談，身為民眾的我們應加重自身在循環中所扮演的角色份量，並慎加檢視企業是否已履行其企業責任才是。

資源集中於企業、政府舉債、失業率上升，這一些情況，到頭來還是要人民來承擔。為了社會未來的幸福，我們所提出的「造反」，是針對那群取用社會資源卻對社會回饋太少者，是我們對於社會資源分配不公的現象造反。造反所用的道理，就是藉由公益型企業以及消費民主的推動，讓資源有重新被使用、提供更多機會的道理。公益鏈讓資源可以獲得更有效的運用，讓社會裡的每一個環節、每一個人都可以參與。

首先，是消費者能力就可以做到的改變。企業在強烈競爭的商場上，為了求競爭、求生存，必須以謀求自身利益為首要考量，企業自發性地將社會利益列為優先考量，絕對違反物之本性，也違反在商場上的競爭原則，不過消費選擇的力量卻可以讓它產生改變。在市場的競爭下，少數企業的勝出甚至獨霸市場是無法避免的過程，但卻已造成資源分配不均的問題。下一次你在購買某些特定品牌的商品時，請注意該品牌企業是否能以你支持他的同等力量，去支持你與支持社會，促使企業競爭朝向良性發展，而非帶領社會走向更極度化的資本主義。當我們都能藉由對公益態度的改變，讓社會大眾齊心為社會公益而努力，使企業朝向公益競爭的方向邁進，讓企業的發展不但不會再為社會造成負面影響，源源不斷挹注的公益資源，也將會促使社會資源趨於良性流動。

未來展望

在種種抗爭運動下，我們所看到的是各地對社會現狀的不滿與對未來的焦慮，此外也反映出各國政治人物未能訂定出一個方向，帶領人民走出目前的困境。這種對政府失去信心、對未來失去信心的無力感，也成為觸動有理想、欲求變的民眾，尤其成為了年輕人上街抗爭的原因。

拜網路所賜，透過科技的連結，這股求變的力量在社會上發揮的影響力越來越大，而且每一個人，只要有想法並願意與眾人分享，就一定有表達的機會。從茉莉花事件到環繞全球的佔領運動都是例子。其中，佔領運動去中心化的公開發表與討論，更是激起活動不斷持續發展的動力。雖然我們到現在都還沒有辦法看到佔領運動，會在政治層面上帶來什麼樣的具體影響，但在歐洲，二〇〇六年成立的德國海盜黨卻能夠見證，原本只是在網路討論的社團竟然發展到足以進軍國會，還能夠贏得大部分席次的實例。海盜黨的成功，是因為他們以自己站在問題最前線的角度，利用網路公開討論與人民自身相關的議題，並促使人民發揮對社會的影響力以及解決問題的能力。

海盜黨成員的平均年紀是三十一歲，不論是在資歷或是選舉經費都遠不及歐洲的其他黨派，但他們卻能在二〇一一年柏林市議會選舉，得到比德國自由民主黨高出五倍的選票，這更顯示出新一代年輕人的影響力與動力。

不論是德國的海盜黨或者是紐約佔領運動，公開討論的精神可追溯自希臘早期集會自由討論的方式。城市的發展優勢本是促進智慧的交流，在知識分子相遇、知識流通與互相競爭時，激盪出更多提升進步的能量。在網路時代，知識的交流更跨越了各種藩籬與國界。公益型企業所提供給我們的，是解決問題的一個方法；公益鏈所提供的，是一個能激勵社會各界參與的平台。但推動公益鏈只是個開始，往後還有很長的路要走，就算成功啟動企業資源的投入與民眾的參與，未來還是希望能夠激起更多人的參與，為社會上各種問題、不同族群貢獻更多智慧與幫助。繁榮與進步本取決於合作與交換，一個社會中的人如果能有更多信任、更多的意見交流，也會促使社會更加繁榮，而以公開討論、交流的方式，也會促進公益鏈未來的發展。

順發企業的轉型，在公益鏈的藍圖上只是開始的一個點，除了將開始網羅社會各單位一同推動消費做公益的風氣外，更規劃在未來協助成立以推動消費做公益、扶持公益鏈發展為重心的聯盟，讓所有因公益型企業的理念所帶來的感動，都有化為具體行動的方式。此外，吳錦昌董事長還說，聯盟的成立不但有更多機會整合社會各界的力量，更可以鼓勵中、小型企業甚至是新創業者，藉由加入聯盟立即地投入公益。

幸福社會

明天有夢才美。世界各國經歷經濟泡沫與危機後，有許多地方仍然無法跳出惡性循環，而台灣卻似乎一步步地陷入這個惡性循環。當一個國家裡的人若對未來前途充滿不安，就算不貧窮也不會捨得花費，國家的消費力也因此下降，過度的儲蓄使得經濟的復甦更加困難，這些情況都是我們在台灣社會裡可以看到的。大前研一曾指出，經濟與人才是促成國家與社會繁榮的兩大關鍵，經濟指的是如何讓資源流暢的運用，而人才則是應該要培養更多元的人才，讓大家都有發揮個別潛力的機會。在政府能力有限時，在社會上同樣較大影響力的人與企業，是不是應該提出讓每個人都會有豐富而美好人生的願景，來促成明天有夢的和諧社會。這也是公益型企業最大的目標，若我們都能朝公益鏈的目標努力，或許就能為不同的族群，帶來更多的希望。

張榮發在承諾捐款時曾說：「錢是流轉利世之物，不應獨享獨有。」他承諾將身後名下所有財產捐給基金會做慈善事業時，就是意會到，企業存在的最大的目的是要為社會創造價值及幸福。彼得．杜拉克認為：「開發自我，始於為人服務。常問自己，最希望饋贈給這個世界的是什麼？」這也就是要提醒，不管是營利或非營利組織的領導者，他們所扮演之角色的意義以及所能帶來的影響。

企業對企業社會責任態度的改變與重視，可以說是一項全球性趨勢，更是一個全球都在討論的話題。當企業在我們社會裡的地位越來越重要，我們也必須使企業做出一些改變，才能讓企業與社會和諧共處，也讓資源更公平的流動，更是讓企業得以永續經營。所謂的企業社會責任便是如此。而在順發企業的案例中，最讓我感動的地方是公益型企業董事長，之所以願意將公司與私人的財富，以承諾、持續性的方式捐出來，也就是因為堅信資源分配問題必須改變。這股風氣必須有人先開始帶動，相信在未來，他也會持續努力散佈這個觀念與意識。

每個人都是獨特的

記得有一次在紐約聽了一場交響樂團音樂會後，突然有所感觸。在傳統印象中，交響樂團的指揮站在指揮台上，告訴每一個人要做什麼，大家看著譜，照著作曲家所給的指示演奏，在曲終時，指揮家會再依照扮演角色輕重，請其中團員起身敬禮，指揮再請每一個人起身，並代表大家向觀眾致謝。

但世界最頂尖的柏林愛樂，卻和其他樂團都不相同。在曲終，觀眾鼓掌時，包括指揮在內，每一個人起身互相道謝致敬，表示團體裡的每一個人都是獨當一面的音樂家。指揮卸下了獨立領導的姿態，音樂的創造是每一個參與者的智慧、想像力與情感，共同合作創造出的結果。而我想，這也是我們期待在未來能看見的。當我們自己都有能力帶來改變時，就算只是一點點，經由社群的力量也會帶來很大的影響。

要將公益之心傳播出去，我們都必須先由自身做起。公益型企業與公益鏈，打通了一條通往幸福的新道路，現在就等待大家的積極參與。若在下一步公益鏈聯盟的構想中能網羅更多人參與，便有可能在更多的地方播種，結下更美好的果實。

本章小結

◎首創公益型企業從弱勢教育著手，提出讓每一人都能有豐富而美好的人生願景。

◎社會裡的不管哪一種成就，都是從一個人、一個小團體的想法與行動開始。

◎因為看到現實不公平的情況，所以我們提出有理的造反：

▼公益型企業從企業界對企業經營提出的造反

▼消費者可以靠消費民主的力量提出造反

◎社會各單位所能奉獻的力量：

▼消費者：改變，來自消費選擇的力量

▼企業：無限擴大公益型企業引起的蝴蝶效應

▼受惠者：成為帶動社會發展的新動力

◎藉由海盜黨、佔領運動和社群媒體等新溝通方式，我們可以發現，每個人都更有表現自我聲音的機會，公開討論、平台式性質也將會是未來趨勢。

◎順發企業扮演的角色，只是跨出公益型企業的第一步，最終的目標是要結合更多的力量，幫助社會朝向更公平、多元的目標發展。

後記

我為幸福造反，有理

寫造反，我想沒有比我更適合的人吧！為什麼？因為我正好在這一個時候看到了各處的佔領運動，也接觸到從一位企業家的角度所發起推廣公益之心。最主要的，我是音樂家，在畢業的這一段時間，寫一本其實和音樂不太關聯，反而是一本跟企業、時事有關，卻離藝術最遠的區塊的書。你說，我不是在「造反」嗎？

我曾經以鋼琴家的身分到過世界的許多城市，當這些城市中有這麼多的朋友都面臨著同樣的情況，這成為我寫這本書起心動念的原因。

我大學時代的鋼琴老師是絕對的完美主義者，他對每一個人的要求都是無比的高，也是因為如此，他的學生整體素質都非常好，而且也有人慕名而來。我記得有一次我在上鋼琴課時，可能是因為在六十四個十六分音符裡面，有兩個因為轉指而不平均，或者也可能是因第三個重複和弦，他要求我應該要晚個○．○○一秒出來，我看著他因為找不到讓我達到他的標準的方法，而開始對我、對他自己大發雷霆，頓時，我在想，就算我花上好幾天甚至好幾個禮拜，在好多個小時的練習中把這個問題修改得好一點，世界六十多億的人口中，到底有多少人會知道其中的差別，又有多少人會感受到其中的差別？當然，我這樣的想法並不是要減低追求藝術完美價值上的重要性！

幾年後我上了研究所，我的老師是一個在美國叱吒風雲的鋼琴家，繼承了德國音樂的傳統，他最擅長的就是德國音樂。在我和他學習、聽過他演奏之前，就有朋友告訴過我，你別看他這個樣子，他皮膚下、骨子裡、身體的每一個細胞都充滿了音樂。他是一位八十幾歲的老先生了，他可能會忘記今天是星期幾、可能會忘記學生的名字，但他不會忘記貝多芬與舒伯特鋼琴奏鳴曲中的每一個音符，他的樂句，一個呼吸、一個動作都和他的肢體與精神融合在一起。在一次晚餐的聚會中，他開始「提及當年勇」，說到他的老師，說到世界大戰，說到他幾歲前已經學過了多少曲目。我突然感受到，我這輩子不管再怎麼樣努力，也不可能達到他的成就。事實上，新起一輩的鋼琴家，不管再怎麼樣努力可能都很難達到他的成就，因為我們周遭的事不同了、我們呼吸的空氣不同了、我們接觸的人群不同了、我們思考的方式因為世界的改變而不同了。在那樣的感受下，我意識到踏出自我領域的重要性。

我看到好多朋友，每天忙忙碌碌、東奔西跑地賺錢，卻又對一代一代不斷翻新的電子商品、奢侈品趨之若鶩，其變化之快還是能讓消費者孜孜不倦地追趕著。社會投注了多少資源在其中，而它們所帶來的，到底是便利還是麻煩？我們的生命因此而更充實、更有價值了嗎？

自小在音樂圈裡長大的我，成長的過程中並沒有被灌輸過很強烈的環境意識，一直以來，我都專心執著於做我自己該做的事，也很少踏出領域外的環境。

相信很多人都曾經因為某一個契機，而改變了態度、看法與視野，而當你的視野變開闊、你的想法與觀念有了轉變時，你如何還能再依循舊的方式、舊的價值觀處事？我想，接觸到公益型企業對我而言大概就是這個契機吧！這一本書的故事就是從這裡開始的。在現今的社會裡，我們都太容易陷入人潮的洪流中，隨著社會的大腳步走，我們卻不知道，這樣到底是不是將我們帶領到正確的方向？這世界上還是有許多需要被聽到的聲音，在科技化下，這些聲音比以往更能被傳開、放大。藉著這些聲音的帶領，我們每個人如果都可以從一點點的態度、一點點的生活方式改變，讓我們生活裡的每一個舉動都更有意義。

面對貧窮，有的人感覺像個無底洞，不管我們怎麼樣去填補，需要幫助的人還是這麼多。雖然事實上也是如此，但即使看不到成效，並不代表我們就可以漸漸失去救助人的熱情，這反而反映出我們需要更多的資源。

本書的內容其實是一種雙方面的交流，一來是一個青年人對於探究這個世界與人生價值觀的一種追尋，另一個是一位企業家對於現今種種社會問題所提出的解決之道，這些都從「社會企業責任」的延伸開始談起。

在學習的路途上，其實我沒有任何商業背景，所有我所寫、所學的事，都是由討論與對於事實的反應而得來。對於一個藝術家而言，商業應該是離我們最遠的領域，而我希望藉由我的例子、我所看到、所消化過的經驗，讓一般人也能擺脫對商學與企業經營的刻板印象，有多一層的看法與想法，甚至可以將此用於加強對世界價值觀的衡量。

我喜歡分享我覺得世界上最重要的事，音樂是，而一把可以開啟幸福的鑰匙，當然也是。

附記一

非營利組織探究

強化公益組織的三項要素

企業的管理之所以可以達到今日的成就與效能，是經歷過長時間的研究、試驗與實際操作。坊間談論企業管理與經營的書籍琳琅滿目，但討論非營利組織經營的書卻寥寥無幾，是否是因為非營利組織還在發展階段，有許多觀念才正被啟發，還有好多道門尚未被開啟？

非營利組織的管理模式，其實是可以多方借鏡於企業經營管理的。舉例來說，若以長遠發展為考量，就算是小型企業在成立時對資訊透明、組織治理與執行效能三方面，應該也要採取嚴謹的態度，才不會為往後的企業發展設下一顆顆的未爆彈。同理，這三項要素，也是非營利組織在管理與長遠的成長規劃時不可或缺的。

組織治理

公司治理是公司對管理與控制所建立的一種體制，明確分配公司參與者的責任和權利，在公司治理下所制定的規範，決定公司處理事務所應遵循的規則和程序，公司經營者肩負興利與防弊，保障股東權益。美國曾有調查統計指出，比較各家企業的營運成效，能保持良好且嚴謹公司治理的企業，其企業營業成效相對較高。

公司治理在歐美早已成為各非營利組織之管理藍本，在台灣更應該加強奉行，並比照公司治理的模式，定期為各非營利組織在營運上所面臨的問題提出改善之道，不斷加強非營利組織之治理能力，提升各組織之能力善盡社會福利。

資訊透明

資訊透明對企業而言，是與消費者建立信任關係的第一步。回想多年前，美國大型企業曾歷經如安隆公司會計舞弊，泰科、默克、全錄、世界通訊等公司虛列盈餘等弊案，資訊透明度因此愈來愈受到投資者的重視，也促使企業自願性地揭露更多財務以及非財務之相關資訊，提高公司的透明度以獲得股東的支持。

過去在資訊傳播還未如此快速的時代，消費者經常需要透過媒體報導，才能對特定事件產生回應，而報導的持續力很多時候卻又只是短暫性的。對於種種企業與商家用來製造聲譽的手法，消費者通常也因無法掌握全面且正確的訊息而被蒙在鼓裡。到現在，企業與消費者之間，仍然存在著資訊明顯不對等的現象。但若消費者的責任是要代替政府扮演監督企業的角色，當然必須要在近乎完美的資訊環境裡進行，為達到資訊盡量透明、對等的標準，消費者更需要以行動給予企業壓力，促使他們公布在企業營運狀況，以及他們對社會責任投入的承諾。

同理，對於社會公益的執行，行善者自然也必須對各非營利組織做資訊透明的要求，以確保來自社會的愛心都能有效運用。

執行效能

「慈善導航」（Charity Navigator）是美國具指標性的公益組織評估網站之一，他們成立的目的，也是希望為捐款者提供各非營利組織與可信度相關的資訊，讓捐款者在投入行善時，可獲得與各非營利組織相關的可靠資訊。在他們對各公益組織所做的統計中就有提到，有七〇%的組織會花費七十五%以上的募款金錢在執行業務上，九〇%的組織花費在六十五%以上，而花費不及三分之二者，為他們評量為不合格之公益組織❶。

這種方式雖然表面上看來是一種清楚、具體的衡量方式，但卻也有其盲點。例如，此類制度雖是一種對資金投入的衡量，但卻沒有辦法衡量公益組織在花費資金時所帶來的效能與效益，而大部份捐款者最關心的還是公益經費會對社會造成什麼樣的影響。

在面對現今資源分配不均嚴重的情況下，為了追求社會共同的幸福，改變是必須的。企業方面的改變，是對於企業社會責任真正的了解與加強重視；在非營利組織方面，也需要建立在健全的架構上，以資訊透明、執行成果取信社會。提高執行力，才能促使更多的企業資源朝向非營利組織流動，在雙方的配合下，朝向為社會帶來進步的共同目標努力。

❶ Charity Navigator: how do we rate Charities' Financial Health, (date of access: 2012/1/29) http://www.charitynavigator.org/index.cfm?bay=content.view&cpid=35.

非營利組織的未來方向

在美國也有像Root Cause（問題根源）❷這樣的公司，為非營利組織的營運、執行方式做研究，我相信這也是未來很值得參考的方向。

在中國的傳統觀念裡，行善者通常還是會抱著施比受更有福、行善不該求回報的觀念，因而對行善的結果，時常不抱有懷疑的態度。但是對「問題根源」這一類的團體而言，他們將傳統的行善者重新詮釋為「行善投資者」，恰巧呼應我們先前所提——行善是一種對社會均衡發展的投資。而既然行善是投資，當然也就會要求看到成效。

Root Cause還特別提到，非營利領域因為充滿了多樣性，使得組織的執行成效衡量方式複雜，為此，他們提供了一套可供參考的衡量方式。有許多非營利組織在初創階段或小規模的時期，會碰到因為沒有足夠行政資源，而無法對外提供組織運作的相關資料。但是以長期的發展來看，若是想要吸引更多外界資源的投入，不論是組織架構、資訊揭露甚至是自我評量，都是每一個期望永續經營之組織不可省略的。像這樣的觀念，在台灣似乎尚未普及，這一點也是未來應當改變的。

不過，Root Cause提出，企業與非營利組織間存在的基本問題，其一是，各非營利組織間的資訊，大部份都沒有系統化與標準化。使得所謂的「行善投資者」只能獲得片面、零散的資訊，沒有辦法獲得一套衡量非營利組織表現的標準方式。資訊的不齊全，也會導致無法激勵各非營利組織提升執行成效，就算有組織希望改善做法卻也無所依據。在沒有確切的衡量方式下，行善投資者在選擇非營利組織時，多半僅能靠個人想法而不是依照組織表現。看不到明確的成效與進展，自然會使善意退縮，這對非營利組織整體的經營而言，無非是惡性循環。

為此，他們所建議的作法是，透過匯集、標準化並經過研究與分析，讓各種零散的資訊獲得有效的整合、傳播與運用，提升非營利組織的執行成效。也因為有可靠的依據，能讓投資者明顯看出哪些非營利組織有高表現、高效能，更可以以此做為行善者投入前的選擇基礎，幫助他們做出更明智的決定。如何把這樣的觀念納入計畫中，讓非營利組織的資訊得到有效的整合，讓企業與非營利組織的合作更有系統、更有效率，成就更高的社會價值。相信這也是下一步應該要努力的方向。

❷更多資訊可見www.rootcause.org網站。

Root Cause成立的主要原因，就是因為在美國每年都有逾千億美金投入慈善或社會服務，後來有人開始質疑，這麼多的資金到底帶來了多少的成效？也因此，他們特別著重社會創新與社會影響力兩大方向，針對存在的各種、尤其是棘手的社會問題，找出更好、更具效果的解決方式。讓舊有的社會問題在新技能、新資訊與創新思考的協助下，產生新的解決方式。讓資源可以獲得更大的效用，並將金融市場提供的概念延用在行善中，期望可帶來具有社會影響力的行善方式。

當然，對於以目標或成效為導向的做法，以及組織效益衡量的方法，對初創或是需要更多時間投入才能看到成效的非營利組織而言，也可能會造成問題。因為如此，近幾年美國還有像Social Solution這樣的諮詢團隊成立，在對非營利組織進行評量時，它們更重視各組織所具有的發展潛力，並將組織領導者的帶領能力、組織的架構、計畫與可行步驟，做為更重要的組織衡量標準，鼓勵將資源投入在未來最有可能為社會帶來幫助的組織上。不論是Root Cause或是Social Solution，其作法與目的都是期望提升非營利組織的執行，促成在公益賽局上的良性循環。

附記二

您的投入決定未來

對公益型企業的四問

一、公益型企業的靈感來源？

為全球性的M型社會問題，提出一個具體有效的解決之道。

挑戰社會資源分配不公的問題，幫助社會裡的每一個人追求幸福。

二、公益型企業的條件為何？

值得被信賴，願意回饋、幫助社會發展的企業。

參與消費做公益的機制。賣相同的價格，但願意將高比率盈餘提出作為社會公益。

三、誰適合轉型為公益企業？

願意幫助社會，阻止M型社會問題持續惡化的企業。

樂意參與社會公益，協助提升社會與人生所需的不同層面。

四、支持公益型企業與公益鏈有哪三種方式？

一、如果你是希望追求幸福的人，請將這本書介紹給你的朋友。
二、如果你是消費者，請以消費選擇的力量，支持公益型企業。
三、如果你是特定領域的專家，歡迎未來在公益鏈聯盟上，提供您的智慧。

未來計畫

「消費做公益聯盟」

首創公益企業的順發3C董事長吳錦昌，除了期望藉由「消費做公益」理念與行動的推廣，鼓吹社會大眾在購物時就能考慮選擇對象，為社會公益盡一份力外，更期待獲得來自各界專業領域或組織團體的志工加入，合力推動、建立一個共同促成社會公益良性循環的「公益消費者聯盟」平台。

初步計畫——企業認證方法

公益型企業認證的第一步，是公開包含公司及董、監及大股東二等親內之公益捐款合計占企業獲利之百分比率，並起碼以稅後淨利一元為基礎計算。而為了讓消費者能夠在不同領域間獲得選擇，並在推動期間降低由順發提出的二〇%高門檻，認證將透過分級的方式，可分為a.佔淨利十五%以上、b.一〇~十五%、c.五~一〇%、d.一~五%等不同級別，捐款金額以一次性捐款認定並不得重覆計算。此外若捐款金額佔淨利的一%以下，凡企業已自行與同業比較後，公告為同業捐款占淨利比最高者，經特定期後，未有同業提出異議者，也可列入推薦名單。

企業認證詳細辦法，將待後續由聯盟專業人員訂定。

聯盟目標

為化解M型社會的危機，公益消費者聯盟將以「整合各界資源，邁向公平、多元發展的社會」為目標，因此期待將有更多專業人士的投入，在公益領域上做資訊與需求的整合，才能協助社會朝向更公平、多元的目標發展。

歡迎到「消費做公益」FB粉絲團 http://www.facebook.com/sun.and.far，參與討論並獲得更進一步的資訊，和我們一起推動消費做公益。

BO7020
溫水裡的青蛙—你我的責任，啟動社會幸福機制

作者——黃凱盈
選書責輯——何宜珍
特約編輯——張雅惠
美術設計——copy

版權部——葉立芳、翁靜如
行銷業務——林彥伶、張倚禎、莊英傑
總編輯——何宜珍
總經理——彭之琬
發行人——何飛鵬
法律顧問——台英國際商務法律事務所　羅明通律師
出版——商周出版
臺北市中山區民生東路二段141號9樓
電話：(02) 2500-7008　傳真：(02) 2500-7759
E-mail：bwp.service@cite.com.tw
發行——英屬蓋曼群島商家庭傳媒股份有限公司城邦分公司
臺北市中山區民生東路二段141號2樓
讀者服務專線：0800-020-299　24小時傳真服務：(02)2517-0999
讀者服務信箱E-mail：cs@cite.com.tw
劃撥帳號——19833503　戶名：英屬蓋曼群島商家庭傳媒股份有限公司城邦分公司
訂購服務——書虫股份有限公司客服專線：(02)2500-7718；2500-7719
服務時間——週一至週五上午09:30-12:00；下午13:30-17:00
24小時傳真專線：(02)2500-1990；2500-1991
劃撥帳號：19863813　戶名：書虫股份有限公司
E-mail：service@readingclub.com.tw
香港發行所——城邦(香港)出版集團有限公司
香港灣仔駱克道193號東超商業中心1樓
電話：(852) 2508 6231傳真：(852) 2578 9337
馬新發行所——城邦(馬新)出版集團
Cité (M) Sdn. Bhd. (458372U) 11, Jalan 30D/146, Desa Tasik, Sungai Besi,
57000 Kuala Lumpur, Malaysia.
電話：603-90563833　傳真：603-90562833
行政院新聞局北市業字第913號

封面設計——謝富智
排版——謝富智
印刷——卡樂彩色製版印刷有限公司
總經銷——高見文化行銷股份有限公司 客服專線：0800-055-365
電話：(02)2668-9005　傳真：(02)2668-9790

2012年（民101）11月27日初版　Printed in Taiwan
2013年（民102）12月31日初版11刷
定價260元

ISBN 978-986-272-285-5

城邦讀書花園 www.cite.com.tw

國家圖書館出版品預行編目

溫水裡的青蛙：企業公益,啟動社會幸福機制 / 黃凱盈著.
-- 初版. -- 臺北市：商周出版：家庭傳媒城邦分公司發行,
民101.11　面；　公分
ISBN 978-986-272-285-5（平裝）
1.公益事業2.企業社會學

548.1　　　101023274